DE JAREN

Van Annie Ernaux verschenen eerder bij De Arbeiderspers:

*De plek* (1985), vert. Edu Borger
*De bevroren vrouw* (1987), vert. Marianne Kaas
*Een vrouw* (1989), vert. Geerten Meijsing
*Lege kasten* (1990), vert. Marijke Jansen
*Alleen maar hartstocht* (1992), vert. Mirjam de Veth
*De schaamte* (1998), vert. Rokus Hofstede
*Het voorval* (2004), vert. Irene Beckers
*De blik naar buiten* (2007), vert. Marianne Kaas
*Meisjesherinneringen* (2017), vert. Rokus Hofstede

# Annie Ernaux

# De jaren

Vertaald door
Rokus Hofstede

Uitgeverij De Arbeiderspers
Amsterdam · Antwerpen

Voor deze uitgave ontving de vertaler een projectbeurs van
Literatuur Vlaanderen

Gepubliceerd met steun van het Institut français des Pays-Bas

Eerste, tweede druk en derde druk, oktober 2020
Vierde en vijfde druk, november 2020
Zesde druk, december 2020
Zevende en achtste druk, januari 2021
Negende druk, maart 2021
Tiende druk, juni 2021
Elfde druk, september 2021
Twaalfde druk, mei 2022
Dertiende druk, oktober 2022

Omslagontwerp: Bram van Baal
Omslagillustratie: Gamma-Rapho Agence Photographique/Hollandse Hoogte
Portret auteur: Catherine Hélie/Editions Gallimard
Typografie: Perfect Service

ISBN 9789029540650 / NUR 321

www.arbeiderspers.nl

We hebben alleen onze geschiedenis en die is niet van ons.

JOSÉ ORTEGA Y GASSET

– Ja. Men zal ons vergeten. Dat is het leven, daar is niets aan te doen. Alles wat ons nu zo serieus, zo betekenisvol, zo ontzettend belangrijk voorkomt – het vergaat met de tijd, het wordt vergeten, het is niet belangrijk meer. En het merkwaardige is dat wij nu niet kunnen weten wat ooit groot en belangrijk zal worden genoemd, en wat erbarmelijk en belachelijk zal worden gevonden. (...) Het kan ook gebeuren dat ons huidige leven, waar we nu vrede mee hebben, mettertijd uitermate vreemd zal lijken, ongerieflijk, onintelligent, allesbehalve puur, misschien zelfs zondig...

ANTON TSJECHOV

Alle beelden zullen verdwijnen.

de op haar hurken zittende vrouw die, na de oorlog, in Yvetot op klaarlichte dag urineerde achter een als café dienstdoende barak, aan de rand van de kapotgeschoten huizen, daarna overeind kwam, met opgeschorte rok haar broekje omhoogtrok en weer het café binnen ging

het betraande gezicht van Alida Valli dansend met Georges Wilson in de film *Une aussi longue absence*

de in de zomer van '90 terloops op een trottoir in Padua geziene man, met handen die aan zijn schouders vastgegroeid zaten, waardoor je meteen terugdacht aan softenon, het middel dat zwangere vrouwen dertig jaar eerder voorgeschreven kregen tegen misselijkheid, en tegelijk ook aan het grapje dat nadien de ronde deed: een aanstaande moeder breit haar babyuitzet bij elkaar en slikt stipt softenon, na elke toer een pilletje. Een geschrokken vriendin zegt: weet je dan niet dat je baby wel eens zonder armen geboren zou kunnen worden, waarop zij zegt: ja dat weet ik, maar ik weet niet hoe ik de mouwen moet breien

Claude Piéplu aan het hoofd van een peloton soldaten van het vreemdelingenlegioen, met in zijn ene hand de vlag en in zijn andere het touw waaraan hij een geit voorttrekt, in een film van Les Charlots

die majesteitelijke, aan alzheimer lijdende dame, net als de andere bewoonsters van het bejaardentehuis gekleed in een bloemetjesblouse, al had zij daarbij een blauwe sjaal over haar schouders geslagen, die onafgebroken met een blik vol minachting door de gangen schreed, als was ze de hertogin van Guermantes in het Bois de Boulogne, en die deed denken aan Céleste Albaret zoals ze op een avond was verschenen in een uitzending van Bernard Pivot

op een toneel in de openlucht, de vrouw die opgesloten zat in een doos waar mannen van alle kanten zilveren zwaarden doorheen hadden gestoken – en die levend naar buiten kwam, want het ging om een goocheltruc getiteld *De lijdensweg van een vrouw*

de in kanten lompen gehulde mummies bungelend aan de muren van de Catacombe dei Cappuccini in Palermo

het gezicht van Simone Signoret op het affiche van *Thérèse Raquin*

de op een voetstuk ronddraaiende schoen in een André-winkel in de Rue du Gros-Horloge in Rouen, en rond dat voetstuk hetzelfde zich onophoudelijk herhalende zinnetje: 'Baby loopt en groeit vlot met Babybotte'

de onbekende man op Stazione Termini in Rome die de store van zijn eersteklascompartiment half had laten zakken zodat hij tot zijn middel onzichtbaar was, en die, van opzij gezien, aan zijn geslachtsdeel frunnikte ten overstaan van de uit het venster hangende jonge reizigsters in de trein op het tegen-overliggende spoor

de figuur in een bioscoopreclame voor het afwasmiddel Paic die welgemoed vieze borden stukgooide in plaats van ze af te wassen. Een commentaarstem zei streng: 'Dat is niet de oplossing!', en de figuur keek wanhopig op naar de toeschou-wers: 'Maar wat is dan wel de oplossing?'

het pal naast een spoorlijn gelegen strand van Arenys de Mar, de hotelgast die leek op Zappy Max

de pasgeborene die als een gevild konijn omhoog werd ge-houden in de verloskamer van de Pasteurkliniek in Caudéran, en die een halfuur later helemaal aangekleed op zijn zij lag te slapen in het kleine bedje, met één handje tevoorschijn ko-mend vanonder de tot zijn schouders opgetrokken lakens

de zwierige gestalte van acteur Philippe Lemaire, getrouwd met Juliette Gréco

in een reclamespot op televisie, de vader die tevergeefs, stie-kem achter zijn krant, probeert een Picorette op te gooien en met zijn mond op te vangen, net als zijn dochtertje

een huis met een prieel van wilde wingerd, dat in de jaren zes-tig een hotel was, op nummer 90 A aan de Zattere in Venetië

de honderden verstijfde gezichten, door de overheid gefoto-grafeerd vóór het vertrek naar de kampen, op de muren in een zaal van het Palais de Tokyo in Parijs, ergens halverwege de jaren tachtig de boven de rivier gebouwde wc, op de binnenplaats van het huis in Lillebonne, en de met papier vermengde uitwerpselen die zachtjes werden meegevoerd door het eromheen klotsende water

alle schemerige beelden uit de vroegste kinderjaren, met de plassen licht van een zomerzondag, de droombeelden waarin overleden verwanten uit de dood opstaan, waarin je over ondefinieerbare wegen loopt

dat van Scarlett O'Hara, hoe ze het lijk van de yankee-soldaat die ze net heeft doodgeschoten door het trappenhuis sleurt – hoe ze door de straten van Atlanta holt op zoek naar een dokter voor Melanie, die op bevallen staat

dat van Molly Bloom, die naast haar man ligt en zich de eerste keer herinnert dat ze door een jongen werd gekust en dan zegt ja ja ja

dat van Elizabeth Drummond, in 1952 met haar ouders vermoord op een weg in Lurs

de werkelijke of de gefantaseerde beelden, de beelden die je achtervolgen tot in je slaap
de beelden van een moment die baden in een licht dat alleen die beelden eigen is

Ze zullen allemaal in één klap verdwijnen, zoals ook zijn verdwenen de miljoenen beelden achter de voorhoofden van grootouders die een halve eeuw geleden zijn overleden, van ouders die intussen ook dood zijn. Beelden waarop je als kleuter voorkwam naast andere mensen die al waren overleden voordat je geboren was, precies zoals in onze herinneringen onze jonge kinderen aanwezig zijn naast onze ouders en onze schoolvriendinnen. En eens zullen wij in de herinneringen van onze kinderen voorkomen te midden van kleinkinderen en van mensen die nog niet geboren zijn. Het geheugen stopt nooit, net zomin als de seksuele begeerte. In het geheugen vindt de koppeling plaats tussen de doden en de levenden, tussen werkelijke en gefantaseerde wezens, tussen droom en geschiedenis.


Abrupt zullen tenietgaan de duizenden woorden die dienden om dingen, gezichten van mensen, handelingen en gevoelens te benoemen, die de wereld ordenden, die zorgden voor een bonzend hart en een vochtige vulva

de slogans, de graffiti op de muren van straten en wc's, de gedichten en de schuine moppen, de titels

anamnese, epigoon, noëma, theoretica, termen genoteerd in een opschrijfboekje met ernaast hun definitie om ze niet steeds in het woordenboek te hoeven opzoeken

de zinswendingen die door anderen losjes werden gebruikt en waarvan je niet dacht dat je dat zelf op een dag zou kunnen, het valt niet te ontkennen dat, dat laat onverlet dat

de verschrikkelijke zinnetjes die eigenlijk vergeten hadden moeten worden, hardnekkiger dan andere, juist door de inspanning die het kostte om ze te verdringen, je ziet eruit als een verlepte hoer

de zinnetjes van mannen 's nachts in bed, doe met mij wat je wilt, ik ben jouw lustobject bestaan is jezelf drinken zonder dorst

wat deed u op 11 september 2001?

*in illo tempore* 's zondags tijdens de mis

ouwe rot, keet schoppen, de spijker op z'n kop! dom gans-
je dat je bent! de uitdrukkingen die in onbruik zijn geraakt,
bij toeval opnieuw opgevangen, plotseling precieus klinkend
als verloren en teruggevonden voorwerpen waarvan je je af-
vraagt hoe ze bewaard zijn gebleven

de woorden die voor altijd zijn verbonden met individuen, als
een lijfspreuk – op een welbepaald punt van rijksweg 14, omdat een passagier ze uitsprak toen je daar op een keer met de
auto langsreed en je er niet opnieuw langs kunt rijden zonder
weer door diezelfde woorden te worden besprongen, zoals de
bedriegertjes in het door Peter de Grote gebouwde tuinen-
complex Peterhof, die opspuiten wanneer je erop gaat staan

de grammaticale voorbeelden, de citaten, de scheldwoorden,
de liedjes, de zinnetjes opgeschreven in notitieboekjes in de
tienertijd

Abbé Trublet stapelde spreuk op spreuk op spreuk

roem betekent voor een vrouw dat ze rigoureus afstand doet
van de aanspraak op geluk

onze herinneringen liggen buiten ons, in een regenachtige
vlaag van de tijd

wat is het toppunt van netheid? Uit je neus eten met mes en
vork

de badgasten pakten hun koffertjes en keken elkaar strak in het gezicht

*c'était un porte-bonheur un petit cochon avec un coeur / qu'elle avait acheté au marché pour cent sous / pour cent sous c'est pas cher entre nous*

*mon histoire c'est l'histoire d'un amour*

kun je flodderen met een vork? past het flubbeltje in de babyfles?

(ik zou er een zweer op eten, watten koop je bij de drogist, daarom is geen reden, als je van de trap afvalt, ben je gauw beneden, Karel de Stoute snuffelde bij Nancy, als ze 'mooi' roepen hoef jij niet om te kijken, Drol Drie, ken je die, met een lapje om z'n knie, zulke grapjes, ontelbare keren gehoord, allang niet verrassend of grappig meer, ergerlijk in hun banaliteit, die alleen nog dienden als blijk van verstandhouding tussen familieleden en die verdwenen toen het huwelijk misliep maar soms weer over de lippen kwamen, misplaatst, uit de toon vallend buiten de oude clan – na jaren van scheiding was dat eigenlijk alles wat er van hem over was)

de woorden die tot je verbazing ook vroeger al bleken te bestaan, *dikzak* (brief van Flaubert aan Louise Colet), *maffen* (George Sand aan Flaubert)

het Latijn, het Engels, het Russisch, dat in zes maanden werd geleerd voor een Sovjet-Rus, en het enige wat ervan bleef hangen was dasvidaniya, ja tebia lioeblioe karacho

wat is het huwelijk? Een workshop, de man werkt en de vrouw shopt de metaforen die zo versleten waren dat je je erover verbaasde dat anderen ze durfden te gebruiken, de kers op de taart

*ô Mère ensevelie hors du premier jardin*

de oubollige uitdrukkingen, geen stap verder komen later voor geen meter opschieten nog later aanrotzooien daarna niets meer

de mannenwoorden waar je niet dol op was, *klaarkomen, afrukken*

de tijdens de studie geleerde woorden, die het gevoel gaven dat je de complexiteit van de wereld de baas kon. Na het examen verdwenen ze sneller uit je kop dan ze erin waren gekomen

de uitentreuren herhaalde zinnetjes van grootouders en ouders, die na hun dood levendiger waren dan hun gezicht, *ben je een haartje betoeterd*

de merknamen van artikelen van vroeger die geen lang leven beschoren was geweest, maar waar je met meer innigheid aan terugdacht dan aan bekendere merknamen, Dulsol-shampoo, Cardon-chocola, Nadi-koffie, als een hoogstpersoonlijke, onmogelijk te delen herinnering

*Als de kraanvogels overvliegen*

*Marianne de ma jeunesse*

Madame Soleil is nog altijd onder ons

de wereld gelooft niet genoeg in een transcendente waarheid

Alles zal in één seconde worden uitgewist. Het van de wieg tot aan het laatste bed vergaarde woordenboek zal worden geschrapt. Het zal stil zijn en geen woord zal die stilte uitdrukken. Uit de opengevallen mond komt niets tevoorschijn. Geen ik en geen mijn. De taal zal de wereld in woorden blijven vatten. In de gesprekken rond een feesttafel zul je alleen nog een voornaam zijn, een steeds gezichtlozer voornaam, totdat je verdwijnt in de anonieme massa van een verre generatie.

Het is een ovale, sepiakleurige foto, opgeplakt in een met een vergulde rand afgezet omslag en beschermd door een doorzichtig, gegaufreerd schutblad. Daaronder: *Photo-Moderne, Ridel, Lillebonne (S.Inf.re). Tel. 80.* Een dikke baby met een pruilmond, donker haar dat boven op het hoofd in een krul is gelegd, zit halfnaakt op een kussen in het midden van een gebeeldhouwde tafel. De wolkige achtergrond, de slinger langs de tafelrand, het geborduurde bloesje dat een deel van de buik onbedekt laat – het babyhandje verbergt het geslacht –, de van de schouder op het mollige armpje gegleden bretel, dat alles moet een amor of een engeltje uit de schilderkunst suggereren. Elk familielid zal er een afdruk van hebben gekregen en meteen hebben geprobeerd vast te stellen of de baby eerder op de moeder of op de vader leek. In dit stuk uit het familiearchief – het moet dateren van 1941 – valt onmogelijk iets anders te lezen dan de rituele enscenering, conform de kleinburgerlijke gebruiken, van het nieuwe leven.

Op een andere foto, gesigneerd door dezelfde fotograaf – maar het papier van het omslag is gewoner en de gulden rand is verdwenen –, waarschijnlijk bedoeld voor hetzelfde familiepubliek, prijkt een meisje van een jaar of vier met een serieus, haast verdrietig gezicht ondanks een gezonde bolle toet onder kort haar met een scheiding in het midden, dat naar achteren wordt getrokken door schuifspeldjes waaraan vlinderachtige strikken zijn bevestigd. De linkerhand rust op dezelfde gebeeldhouwde tafel, die nu helemaal zichtbaar is, in Lodewijk XVI-stijl. Ze lijkt in een te nauw lijfje te zijn geperst, haar rok met bretels kruipt aan de voorkant omhoog vanwege een opgezette buik, misschien een teken van Engelse ziekte (1944, ongeveer).

Twee andere kleine foto's met kartelrandjes, waarschijnlijk afkomstig uit datzelfde jaar, tonen hetzelfde kind, maar tengerder, in een jurk met volants en pofmouwen. Op de eerste heeft ze zich schalks aangevlijd tegen een vrouw met een massief lichaam, uit één stuk in een jurk met brede strepen en met in dikke strengen vastgestoken haar. Op de andere steekt ze de linker vuist omhoog, de rechter wordt vastgehouden door de hand van een man, hij is groot, heeft een licht overhemd en een bandplooibroek aan, zijn houding is nonchalant. De twee foto's zijn op dezelfde dag genomen voor een muurtje met erbovenop een strook bloemen, op een geplaveide binnenplaats. Boven de hoofden is een waslijn zichtbaar waaraan een knijper is blijven hangen.

Op feestdagen na de oorlog, tijdens maaltijden waar geen eind aan leek te komen, verscheen uit het niets en nam vorm aan de al eerder begonnen tijd, die waarnaar verwanten soms leken te staren als ze vergaten op onze vragen te reageren, met hun blik op oneindig, de tijd waarin wij er niet waren, waarin we nooit zullen zijn, de tijd van vroeger. In het geroezemoes van de stemmen van de tafelgenoten kreeg het grote verhaal van de collectieve gebeurtenissen gestalte, gebeurtenissen die we op den duur haast zouden menen zelf te hebben bijgewoond.

Ze kregen nooit genoeg van de verhalen over de winter van '42, die ijskoud was geweest, over de honger en de koolrapen, de voedselbevoorrading en de tabaksbonnen, de bombarde- menten

het noorderlicht, dat een voorteken van de oorlog was ge- weest

de fietsen en de karretjes op de wegen tijdens de uittocht, de geplunderde winkels

de slachtoffers van verwoestingen die wroetten tussen het puin op zoek naar hun foto's en geld

de aankomst van de Duitsers – iedereen gaf precies aan *wáár*, in welke stad –, de altijd fatsoenlijke Engelsen, de ongege- neerde Amerikanen, de collabo's, de buurman die in het ver- zet zat, het meisje x dat bij de bevrijding was kaalgeschoren

Le Havre dat was platgegooid, waar niets meer was, de zwar- te markt

de propaganda

de op de vlucht geslagen moffen die in Caudebec over de rug- gen van gecrepeerde paarden de Seine overstaken

de boerin die een vette scheet laat in een compartiment waar zich Duitsers bevinden en luidkeels verkondigt 'als we het ze niet kunnen zeggen, dan laten we het ze wel ruiken'

Honger en angst vormden de gemeenschappelijke ach- tergrond van die verhalen, alles werd verteld in de 'wij'- en 'ons'-modus.

Ze hadden het schouderophalend over Pétain, die te oud en al kinds was toen hij bij gebrek aan beter werd opgeduikeld. Ze bootsten het vliegen en het ronken van de v2's na die rondtolden in de lucht, mimeden de ontzetting van toen, met gespeelde aarzelingen op de meest dramatische momenten, *wat moet ik doen*, om het spannend te houden.

Het was een verhaal vol doden, geweld en verwoestingen, dat werd verteld met een uitgelatenheid die bij tussenpozen leek te moeten worden ontkracht door een op pathetische, plechtige toon uitgesproken 'dat wil je nooit meer meemaken', gevolgd door stilte, als een tot een raadselachtige instantie gerichte waarschuwing, als berouw om iets wat lustvol was geweest.

Maar ze praatten alleen over wat ze hadden gezien, wat al etend en drinkend kon worden herbeleefd. Ze misten het talent of de overtuiging om te praten over wat ze wisten, maar niet hadden gezien. Dus niet over de joodse kinderen die op treinen naar Auschwitz werden gezet, niet over de hongerdoden die 's ochtends werden opgeraapt in het getto van Warschau, ook niet over de 10 000 graden in Hiroshima. Vandaar een gevoel dat door latere geschiedenislessen, documentaires en films niet zou worden weggenomen: de gaskamers en de atoombom hadden niet plaatsgevonden in dezelfde tijd als de boter op de zwarte markt, het luchtalarm en het schuilen in kelders.

Ze begonnen bij wijze van vergelijking over de vorige oorlog, de Grote, die van '14, met zijn bloederige maar wel roemrijke overwinning, een oorlog van mannen, naar wie de vrouwen eerbiedig luisterden. Ze hadden het over de Chemin des Dames en over Verdun, over de gifgasslachtoffers, over het klokgelui op 11 november 1918. Ze noemden dorpen waarin geen van de naar het front getrokken jongens was teruggekeerd. Ze zetten de soldaten in de modder van de loopgraven af tegen de gevangenen van '40, die er vijf jaar lang warmpjes en beschut bij hadden gezeten en niet eens bommen op hun kop hadden gekregen. Ze wedijverden in heldendom en ongeluk.

Ze gingen terug naar tijden waarin zij er zelf nog niet waren, de Krimoorlog, die van '70, de Parijzenaars die ratten hadden gegeten.

In de tijd van vroeger die ze voorschotelden, was er alleen maar oorlog en honger.

Aan het eind zongen ze van *Ah le petit vin blanc* en *Fleur de Paris*, en het refrein werd meegebruld, *bleu-blanc-rouge sont les couleurs de la patrie*, in oorverdovende samenzang. Ze rekten zich uit en lachten, nog eentje die de moffen niet zullen krijgen.

De kinderen luisterden niet en gingen zodra ze mochten ogenblikkelijk van tafel, profiterend van de algehele toegeeflijkheid op feestdagen om verboden spelletjes te doen, op bedden springen en schommelen met je hoofd naar beneden. Maar ze onthielden alles. Vergeleken met de fabelachtige voortijd – waarvan ze de verschillende episoden pas veel later in de juiste volgorde zouden leren zetten, de Capitulatie, de Uittocht, de Bezetting, de Landing, de Overwinning – vonden ze de naamloze tijd waarin ze zelf opgroeiden maar saai. Ze betreurden dat ze nog niet, of maar net, geboren waren toen de mensen in lange colonnes moesten wegtrekken en op het stro moesten slapen als zigeuners. Ze zouden het als een hardnekkig gemis blijven ervaren dat ze die tijd niet hadden meegemaakt. Door de herinneringen van de anderen werden ze opgezadeld met heimelijke nostalgie naar een periode die ze zo rakelings hadden gemist en met de hoop om die toch eens mee te maken.

Van het schitterende heldendicht bleven alleen de grauwe, zwijgende sporen over van bunkers op de rand van kliffen, en in de steden steenhopen zover het oog reikte. Verroeste voorwerpen, verwrongen ijzeren geraamten van bedden staken uit boven het puin. De getroffen middenstanders betrokken tijdelijke barakken aan de rand van de ruïnes. Granaten die door de mijnopruimingsdienst waren vergeten, ontploften in de buik van peuters die ermee speelden. De kranten waarschuwden:

Munitie niet aanraken! Dokters verwijderden de amandelen van kinderen met een overgevoelige keel, ze ontwaakten krijsend uit de ethernarcose en werden gedwongen hete melk te drinken. Op vale affiches keek generaal De Gaulle, schuin van voren gezien, vanonder zijn kepie in de verte. 's Zondagsmiddags deed je spelletjes mens-erger-je-niet of zwartepieten.

De uitzinnige stemming die op de bevrijding was gevolgd, ebde weg. Toen wilden de mensen alleen maar uitgaan en was de wereld vol verlangens die stante pede moesten worden bevredigd. Er kwam een run op alles wat sinds de oorlog voor het eerst te krijgen was, bananen, kaartjes van de Nationale Loterij, vuurwerk. Met hele buurten tegelijk, van de oma die door haar dochters werd ondersteund tot en met de zuigeling in zijn kinderwagen, stortten de mensen zich op de kermis, op de fakkeloptocht, op circus Bouglione, waar ze op een haar na onder de voet werden gelopen in het gedrang. Ze togen als biddende, zingende menigte de weg op om het beeld van Onze-Lieve-Vrouwe van Boulogne te ontvangen en daags erna over een afstand van kilometers weg te brengen. Elke gelegenheid, profaan of religieus, leende zich ervoor om samen buiten te zijn, alsof ze in groepsverband wilden blijven leven. Op zondagavond kwamen de bussen terug van zee met opgeschoten jongelui in korte broek die boven op het bagagerek waren geklommen en luidkeels zongen. Honden liepen vrij rond en dekten elkaar midden op straat.

Maar die tijd begon nu een herinnering aan gouden dagen te zijn, en als de radio *Je me souviens des beaux dimanches... Mais oui c'est loin c'est loin tout ça* speelde, werd er met weemoed aan teruggedacht. Ditmaal betreurden kinderen dat ze in die bevrijdingsperiode te klein waren geweest om alles echt mee te maken.

Intussen groeiden ze rustig op, 'blij om op de wereld te zijn en een goed stel hersens te hebben', te midden van vermaningen om van onbekende voorwerpen af te blijven en voortdurende jammerklachten over de rantsoenering, de olie en de suiker die op de bon waren, het maïsbrood dat zwaar op de maag lag, de cokes die slecht brandden, *Zullen we met Kerstmis jam en chocola hebben?* Ze begonnen naar school te gaan met een schrijflei en een potloodhouder en kwamen langs open plekken waarop het puin was afgevoerd, geëffend in afwachting van de Wederopbouw. Ze deden zakdoekje leggen, het spel van de verstopte gouden ring, rondedansjes onder het zingen van *Bonjour Guillaume as-tu bien déjeuné,* ze kaatsebalden op *Petite bohémienne toi qui voyages partout,* ze liepen gearmd over de speelplaats heen en weer en scandeerden *wie speelt er mee verstoppertje.* Ze kregen schurft, luizen, werden ingewreven met een in Marie-Rose reukwater gedrenkte theedoek. Ze klommen achter elkaar in de bus om te worden doorgelicht voor tbc en hoefden daarvoor hun jas en sjaal niet uit te trekken. Ze legden het eerste medisch onderzoek af, lachend van schaamte omdat ze alleen een onderbroekje aanhadden in een ruimte waar de gejaagde blauwe vlam in een schaal met brandspiritus op de tafel naast de verpleegster de kou niet kon verdrijven. Binnenkort zouden ze helemaal in het wit gekleed onder toejuichingen over straat paraderen tijdens het eerste feest van de Jeugd, tot aan de renbaan waar ze, tussen de hemel en het natte gras, op schelle muziek uit de luidsprekers in een impressie van grootsheid en eenzaamheid de 'groepsbeweging' zouden uitvoeren.

De toespraken zeiden dat ze de toekomst vertegenwoordigden.

In de luidruchtige meerstemmigheid van feestmalen kwam ons, vóór het uitbreken van ruzies en dodelijke onenigheid, in flarden ook dat andere grote verhaal ter ore, vermengd met dat van de oorlog, het oorsprongsverhaal.

Mannen en vrouwen traden tevoorschijn, met soms geen andere aanduiding dan hun verwantschapsbetrekking, 'vader', 'grootvader', 'overgrootmoeder', teruggebracht tot een karaktertrek, een grappige of tragische anekdote, de Spaanse griep, de bloedprop of de trap van het paard waaraan ze waren bezweken – kinderen die niet zo oud waren geworden als wij, een hele sleep mensen die we nooit zouden kennen. Zo raakten de draden verstrengeld van familiebetrekkingen die jarenlang lastig te ontwarren zouden blijven, totdat we de 'twee kanten' eindelijk zonder fouten uit elkaar konden houden en een onderscheid konden maken tussen degenen die bloedeigen zijn en degenen die 'koud' zijn.

Familiegeschiedenis en sociale geschiedenis is een en hetzelfde. De stemmen van de tafelgenoten bakenden de ruimten af waarin men jong was geweest: het platteland en de boerderijen waar, tot zover men er heugenis van had, de mannen knecht en de meisjes dienstbode waren geweest, de fabriek waar ze elkaar allemaal hadden ontmoet, met elkaar waren omgegaan en getrouwd, de nerinkjes waartoe de eerzuchtigsten onder hen zich hadden opgewerkt. Binnen die geschiedenissen hadden zich geen andere persoonlijke gebeurtenissen voorgedaan dan geboorten, huwelijken en sterfgevallen, geen andere reizen dan die met het regiment naar een verre garnizoensstad, het waren levens beheerst door arbeid, het harde werk dat je krachten sloopte, de risico's van de drank. School was een mythische achtergrond, een korte bloeitijd, waarin de Onderwijzer troonde als barse god die met zijn ijzeren liniaal op vingers sloeg.

De stemmen leverden een erfenis van armoe en ontbering over die aan de oorlog en de distributiemaatregelen voorafging en die verzonk in de nacht der tijden, 'vroeger', een

verleden waarvan ze de lusten en lasten, de gebruiken en le-
ringen opsomden:
wonen in een huis met lemen vloeren
klompschoenen dragen
spelen met een lappenpop
de was doen met houtas
aan kinderhemdjes vlak bij de navel een stoffen zakje met
knoflookteentjes bevestigen tegen de wormen
je ouders gehoorzamen en oorvijgen krijgen, *wie denkt hij dat
hier de baas is*

Ze inventariseerden waar men niets van wist, alles wat vroeger onbekend was en nooit voorkwam:
rood vlees of sinaasappels eten
sociale zekerheid hebben, kinderbijslag krijgen en op je vijf-
enzestigste met pensioen gaan
op vakantie gaan

Ze riepen in herinnering waar men trots op was:
de stakingen van '36, de regering van het Front populaire,
*vroeger telde de arbeider niet mee*

Wij, het kleine grut, dat weer aan tafel was gekomen voor het
dessert, bleven zitten luisteren naar de pikante anekdotes die
door het gezelschap werden opgedist tijdens het natafelen,
als de sfeer ongedwongener is en men op jonge oren geen
acht meer slaat, naar de liedjes uit de jeugd van de ouders
waarin het ging over Parijs, over meisjes die in de goot waren
beland, over lichtekooien en geboefte uit de voorsteden, *Le
Grand Rouquin, L'Hirondelle du faubourg, Du gris que l'on prend
dans ses doigts et qu'on roule*, smartlappen vol hevig medelijden
en hartstocht die de zangeres met gesloten ogen en de inzet
van haar hele lijf ten gehore bracht, waarbij tranen opwelden
die met het puntje van het servet werden weggeveegd. Daar-

na mochten wij op onze beurt het gezelschap ontroeren met *Étoile des neiges*.

Van hand tot hand gingen vergeelde foto's waarvan de achterkant vlekkerig was van alle vingers die ze bij andere maaltijden hadden vastgehouden, een mengsel van koffie en vet dat was samengesmolten tot een ondefinieerbare kleur. Onder het stijve, ernstig kijkende bruidspaar, onder de bruidsgasten die ettelijke rijen dik boven elkaar voor een muur poseerden, herkende je noch je ouders noch wie dan ook. En evenmin zag je jezelf terug in het baby'tje van onduidelijk geslacht dat halfnaakt op een kussen zat, maar iemand anders, een schepsel uit een andere, zwijgende, ontoegankelijke tijd.

In de nasleep van de oorlog, tijdens de eindeloos durende maaltijd op feestdagen, te midden van het gelach en geroep, *doodgaan kan altijd nog, niet dan?* kreeg je via de herinneringen van anderen je plaats in de wereld toegemeten.

Los van de verhalen werd er ook een ander geheugen doorgegeven, hoe de mensen liepen, zaten, praatten en lachten, hoe ze op straat iemand aanriepen, hoe ze aten en voorwerpen vastpakten, een geheugen dat uit het diepst van het Franse en Europese platteland van lichaam op lichaam was overgegaan. Die erfenis was op de foto's niet zichtbaar, maar vormde, ongeacht alle uiteenlopende individuele eigenschappen, ongeacht het onderscheid tussen de goedheid van sommigen en de gemenigheid van anderen, de gemeenschappelijke noemer van familieleden, buurtgenoten, alle mensen van wie werd gezegd dat zijn mensen zoals wij. Een voorraad van gewoonten, een som van gebaren ontstaan onder invloed van kinderjaren op het veld, tienerjaren in de werkplaats, zelf weer voorafgegaan door de kinderjaren van anderen, tot in het onheuglijke:

smakken onder het eten en daarbij de geleidelijke gedaante-
verandering van voedingswaren in de open mond niet verhullen, je lippen afvegen met een stuk brood, het bord zo goed
schoonmaken dat het zonder afwassen zou kunnen worden
weggezet, met de lepel tegen de onderkant van de kom tikken, je aan het eind van de maaltijd uitrekken

genoegen nemen met een dagelijks kattenwasje en de rest van
het lichaam wassen al naargelang hoe vuil het is, handen en
onderarmen na het werk, benen en knieën van de kinderen
op zomeravonden, terwijl een grote wasbeurt alleen op feestdagen plaatsvond

de dingen stevig beetpakken, met de deuren slaan. Alles op
een ruwe manier doen, of je nu een konijn bij de oren grijpt,
een zoen geeft of een kind op schoot neemt. Op avonden dat
de vlam in de pan slaat, het huis in en uit lopen, stoelen ver-
schuiven

grote stappen nemen en met de armen zwaaien bij het lopen,
je laten neerploffen als je gaat zitten, waarbij oude vrouwen
de knuist in het holle van het schort duwen, opstaan en met
een snelle hand de nog tussen de billen klemmende rok los-
trekken

voor de mannen, het voortdurend gebruiken van de schouders, bij het dragen van de spade, van planken en aardappel-
zakken, van vermoeide kinderen na kermisbezoek

voor de vrouwen, het klemmen tussen knieën en dijen van de
koffiemolen, de te ontkurken fles, de kip die wordt geslacht
en die leegbloedt in het teiltje

onder alle omstandigheden praten op luide, knorrige toon,
alsof het nodig is je te allen tijde tegen de wereld schrap te
zetten.

De taal, verhaspeld Frans vermengd met patois, was niet te
scheiden van de krachtige, doordringende stemmen, van de
lichamen die in werkkielen en overalls werden geperst, van de

lage huizen met tuintje, van het blaffen van de honden 's middags en van de stilte die aan ruzies voorafgaat, precies zoals grammaticaregels en correct Frans verbonden waren met het effen stemgeluid en de witte handen van de schooljuffrouw. Een taal zonder omslag of pluimstrijkerij, die de striemende regen bevatte, de grijze kiezelstranden onder loodrechte kliffen, de nachtemmers die op mesthopen werden geleegd en de wijn van de arbeiders die zwaar fysiek werk verrichtten, een taal waar ook vormen van volksgeloof en gedragsregels bij hoorden:

de maan in het oog houden die bepaalt wanneer de geboorte plaatsvindt, wanneer de prei geoogst en de kinderen ontwormd moeten worden

niet ingaan tegen de kringloop van de seizoenen als je winterjas of kousen achterwege laat, als je de moer bij de rammelaar zet of sla plant, overeenkomstig het principe dat er een tijd voor alles is, een kostbare, moeilijk te bepalen tijdsspanne tussen 'te vroeg' en 'te laat' waarbinnen de goede wil van de natuur zich doet gelden, 's winters geboren kinderen en katten groeien minder hard dan anderen en van de maartzon word je gek

op brandplekken rauwe aardappel leggen of 'de brand eruit laten trekken' door een buurvrouw die de toverformule kent, een snijwond genezen met urine

het brood respecteren, op de graankorrel staat het gezicht van God.

De taal bracht, net als elke taal, hiërarchieën aan, hekelde wie liever lui dan moe was, vrouwen die zich onbehoorlijk gedroegen, 'ouwe geilaards' en gemene kerels, 'achterbakse' kinderen, prees mensen die 'van wanten wisten', meisjes die flink waren, erkende hogergeplaatsten en grote meneren, berispte, *jij krijgt je portie nog wel*

De taal drukte uit wat je redelijkerwijs mocht verlangen en

verwachten, werk dat niet smerig was en beschut tegen weer en wind, genoeg te eten en doodgaan in je eigen bed

dat er grenzen waren, jezelf geen gouden bergen beloven, geen dingen die hoger waren dan de daken van de huizen, gelukkig zijn met wat je hebt

dat je beducht moest zijn voor het verre en onbekende, want als je nooit van huis gaat, is om het even welke stad het einde van de wereld

wat je trots maakt en wat je kwetst, *we zijn wel van het platteland maar daarom nog niet stommer dan een ander*

Maar anders dan onze ouders hoefden wij geen dagen de school te verzuimen om koolzaad te zaaien, appels te schudden of sprokkelhout te binden. De schoolkalender had de kringloop van de seizoenen vervangen. De jaren die vóór ons lagen waren schoolklassen, de ene boven op de andere gestapeld, een ruimte-tijd die in oktober aanving en in juli werd afgesloten. Aan het begin van het nieuwe schooljaar kaftten we met blauw papier de tweedehandsboeken die door de leerlingen van de oudere klas werden doorgegeven. Kijkend naar hun slecht uitgewiste naam op het schutblad, naar de woorden die ze hadden onderstreept, hadden we het gevoel dat we hen aflosten en dat we werden aangemoedigd al die kennis in één jaar tijd op te doen, aangezien het ook hun was gelukt. We leerden gedichten van Maurice Rollinat, Jean Richepin, Émile Verhaeren, Rosemonde Gérard, liedjes, *Mon beau sapin roi des forêts, C'est lui le voilà le dimanche avec sa robe de mai nouveau.* We deden ons best om nul fouten te maken bij de dictees van Maurice Genevoix, La Varende, Émile Moselly, Ernest Pérochon. En we dreunden de grammaticaregels van het correcte Frans op. Zo gauw we weer thuis waren, maakten we opnieuw gedachteloos gebruik van de taal die we bij onze geboorte hadden meegekregen, waarin we niet over de woorden hoefden na te denken, alleen over de dingen die we wilden zeggen of niet zeggen, de taal die lijfelijk was, verbonden met de oorvijgen, met de ammoniakgeur van de werkkielen, met de appels die de hele winter door werden gekookt, met het klateren van de pis in de emmer en met het snurken van de ouders.

De dood van mensen deed ons niets.

De zwart-witfoto van een klein meisje in een donker badpak op een kiezelstrand. Op de achtergrond, kliffen. Ze zit op een vlakke rots, haar stevige benen mooi gestrekt voor haar en haar armen op de rots geleund, haar ogen zijn dicht en haar hoofd is lichtjes gebogen, ze glimlacht. Een dikke, donkere vlecht hangt voorlangs over haar schouder, de andere heeft ze op haar rug laten hangen. Uit alles blijkt het verlangen om te poseren zoals de sterren in *Cinémonde* of de advertentie voor Ambre Solaire, om te ontsnappen aan haar vernederende, onbeduidende kleinemeisjeslichaam. Op de dijen en ook op de bovenarmen, die lichter getint zijn, tekent zich de vorm van een jurk af, wat aangeeft hoe uitzonderlijk het voor dit kind is om aan zee te verblijven of er een dagje door te brengen. Het strand is uitgestorven. Op de achterkant: *Augustus 1949, Sotteville-sur-Mer.*

Ze is nu bijna negen jaar. Ze is met haar vader op vakantie bij een oom en tante, die touwslagers zijn. Haar moeder is in Yvetot gebleven om het kruidenierswinkeltje annex café open te houden, dat nooit sluit. Doorgaans is moeder degene die haar haar in twee strakke strengen vlecht en ze vervolgens opsteekt, met verende schuifspeldjes en strikken, als een kroon rond haar hoofd. Noch haar vader noch haar tante weet hoe ze haar vlechten zo moeten vastmaken, of anders profiteert ze van haar moeders afwezigheid om ze los te laten hangen.

Moeilijk te zeggen waar ze aan denkt of over droomt, hoe ze terugkijkt naar de jaren die sinds de bevrijding zijn verstreken, wat ze zich moeiteloos herinnert.

Misschien zijn er nu al geen andere beelden meer dan deze, die bestand zullen blijken tegen de achteruitgang van haar geheugen:

de aankomst in de tot puin geschoten stad en de loopse teef die wegvlucht

de eerste schooldag na de paasvakantie, ze kent niemand

de grote uitstap van de hele familie van moederskant naar Fécamp, in een trein met houten bankjes, de oma die een zwarte strohoed opheeft en de neven die zich op de kiezels omkleden, hun blote billen

het naaldenboekje in de vorm van een klomp dat ze voor Kerstmis heeft gemaakt uit een stuk overhemd

*Pas si bête* met Bourvil

stiekeme spelletjes, in elkaars oorlellen knijpen met gordijnklemmetjes

Misschien ziet ze als een onmetelijke vlakte de schooljaren die ze achter zich heeft, die drie klassen waar ze in heeft gezeten, de opstelling van de banken en van de lessenaar van de schooljuffrouw, van het bord, de medescholieren:

Françoise C., die ze benijdt om de gekke bekken die ze trekt met haar muts in de vorm van een kattenkop, die haar tijdens het speelkwartier vroeg of ze haar zakdoek mocht lenen, vervolgens haar neus helemaal uitsnoot en de zakdoek samenpropte voordat ze hem teruggaf en wegholde, haar gevoel van bezoedeling en schaamte met die vieze zakdoek in haar jaszak het hele speelkwartier lang

Évelyne J., bij wie ze onder de lessenaar de hand in het onderbroekje stak en het kleverige bolletje voelde

F., met wie niemand praatte, die uiteindelijk naar een lucht-

31

kuuroord was gestuurd, die bij het medisch onderzoek een blauwe jongensonderbroek aanhad, met een strontvlek, en alle meisjes lachten haar uit

de zomers daarvoor, die nu al ver achter haar lagen, de verzengend hete zomer toen alle cisternes en putten droogstonden, de rij buurtbewoners met waterkannen in de hand die opliep tot aan de brandkraan, Robic had de Tour de France gewonnen – een andere, regenachtige zomer, ze raapt mosselen met haar moeder en tante op het strand van Veules-les-Roses, buigt zich samen met hen over een gat boven op de klif, ziet een dode soldaat die wordt opgegraven, samen met andere, zodat ze elders kunnen worden herbegraven.

Of anders zou ze zoals gewoonlijk de voorkeur hebben gegeven aan de talloze combinaties van fantasieën gebaseerd op de boeken van de Groene Bibliotheek of op de verhalen uit *La Semaine de Suzette*, en aan haar toekomstdroom zoals ze die voelt wanneer ze op de radio naar liefdesliedjes luistert.

Vermoedelijk is er in haar gedachten niets aanwezig van de politieke gebeurtenissen en het gemengde nieuws, alles wat later herkend zal worden als deel uitmakend van het landschap van haar jeugd, een geheel van dingen die bekend en tegelijk onzeker zijn, Vincent Auriol, de Franse Indochinese oorlog, Marcel Cerdan wereldkampioen boksen, Pierrot le Fou en de Bende van de Voorwielaandrijving, en Marie Besnard, die haar slachtoffers vergiftigde met arsenicum.

Zeker is alleen haar verlangen om groot te worden. En het afwezig-zijn van deze herinnering:

die van de eerste keer waarop haar is gezegd, bij de foto van een baby met een hemdje aan op een kussen, tussen andere, identieke, even ovale en geelbruine foto's, 'dat ben jij', zodat ze wel gedwongen was die mollige ander, die in een verdwenen tijd een mysterieus bestaan had geleid, als zichzelf te zien.

Frankrijk was onmetelijk groot en bestond uit bevolkingsgroepen die zich onderscheidden door wat ze aten en hoe ze spraken, het land werd in juli door de renners van de Tour doorkruist, je volgde de etappes op de Michelinkaart die aan de keukenmuur hing. De meeste levens speelden zich af binnen een straal van een vijftigtal kilometer. Wanneer in de kerk het triomfantelijke gegalm opsteeg van het kerklied *Chez nous soyez reine*, dan wist je dat *chez nous*, 'bij ons', verwees naar de plek waar je woonde, de stad, hooguit het departement. Het exotische begon in de dichtstbijzijnde grote stad. De rest van de wereld was onwerkelijk. De meer ontwikkelden, of wie dat wilden worden, schreven zich in voor de lezingen annex films van 'Connaissance du monde'. De anderen lazen *Het Beste uit Reader's Digest* of het tijdschrift *Constellation*, '*le monde vu en français*'. De prentbriefkaart opgestuurd uit Bizerte, door een neef die daar zijn militaire dienst deed, dompelde je onder in een staat van dromerige verstomming.

Parijs betekende schoonheid en macht, het was een geheimzinnige, angstwekkende totaliteit, en elke Parijse straat die in de krant werd vermeld of in een advertentie genoemd, Boulevard Barbès, Rue Gazan, Jean Mineur 116 Avenue des Champs-Élysées, prikkelde de verbeelding. Mensen die er hadden gewoond of er zelfs maar een excursie naartoe hadden gemaakt, die de Eiffeltoren hadden gezien, waren getooid met een aureool van superioriteit. Op zomeravonden, als de lange stofferige vakantiedagen ten einde liepen, ging je de mensen bekijken die weg waren geweest en uit de sneltrein stapten met koffers, met draagtassen van het warenhuis Printemps, de pelgrims die terugkwamen uit Lourdes. Liedjes die onbekende streken in gedachten riepen, Zuid-Frankrijk, de Pyreneeën, *Fandango du pays basque*, *Montagnes d'Italie* of *Mexico*, wekten verlangen. In de rozig omrande wolken van de zonsondergang zag je maharadja's en Indiase paleizen. Je beklaagde je bij je ouders: 'Wij gaan nooit ergens heen!', ze reageerden verbaasd: 'Waar wil je dan naartoe, heb je het soms niet naar je zin waar je bent?'

Alles wat zich in de huizen bevond, was vóór de oorlog aangeschaft. Steelpannen waren zwartgeblakerd, ontdaan van steel, het email van teiltjes was afgebladderd, lampetkannen waren lek, opgelapt met in het gat gedraaide stukjes metaal. Jassen waren versteld, hemdkragen gekeerd, zondagse kleren doordeweeks geworden. Dat je maar bleef doorgroeien maakte moeders wanhopig, ze werden gedwongen jurken te verlengen met een strook stof, schoenen een maat te groot te kopen, al waren die een jaar later alweer te klein. Alles moest langdurig meegaan, de pennendoos, de doos met schildersbenodigdheden van Lefranc en het pakje petit-beurres van Lu. Er werd niets weggegooid. Nachtemmers dienden als mest voor de tuin, paardenvijgen, opgeraapt als er op straat een paard was langsgekomen, om bloembakken te onderhouden, de krant om groente in te wikkelen, om de binnenkant van natte schoenen te drogen, om je af te vegen op de wc.

Alles om je heen was schaars. Spullen, beelden, pleziertjes, inzichten ter verklaring van jezelf en de wereld, die beperkt bleven tot de catechismusles en de vastenpreken van pater Riquet, tot de 'Laatste nieuwtjes van morgen' die door Geneviève Tabouis met haar volle stem werden verkondigd, tot de verhalen van vrouwen die 's middags rond een glas koffie hun levensverhaal en dat van hun buren deden. Kinderen bleven lang geloven dat de kerstman bestond en dat baby's in een roos of een kool werden gevonden.

De mensen verplaatsten zich te voet of op de fiets in een gestage beweging, de mannen met de knieën wijd, hun broekspijpen samengeknepen met knijpers, de vrouwen met hun billen op het zadel omspannen door hun jurk, ze tekenden vloeiende lijnen door de rustige straten. Stilte was de achtergrond van de dingen en de fiets de maat voor de snelheid van het leven.

Je leefde in de nabijheid van stront. Die was om te lachen.

In alle families waren er kinderen gestorven. Aan plotse, ongeneeslijke kwalen, diarree, krampen, difterie. Het spoor van hun korte verblijf op aarde was een graf in de vorm van een wiegje met ijzeren spijlen en het opschrift 'een engel in de hemel', foto's die werden getoond waarbij heimelijk een traan werd weggepinkt, gesprekken die zachtjes, haast sereen werden gevoerd, tot schrik van de levende kinderen, die meenden dat zij nog aan de beurt zouden komen. Pas als ze twaalf of vijftien waren zouden ze gered zijn, nadat ze kinkhoest en de bof, mazelen, waterpokken en oorontstekingen, de 's winters steevast terugkerende bronchitis hadden doorstaan, aan tuberculose en aan hersenvliesontsteking waren ontsnapt, en als er werd gezegd dat ze flinke jongens en meiden waren geworden. Voorlopig moesten ze, als pipse, bleekzuchtige 'oorlogskinderen' met witgevlekte nagels, levertraan en wormdrijvende Lune-siroop slikken, op Jessel-tabletjes zuigen, plaatsnemen op de weegschaal van de apotheker en zich inbakeren met dikke sjaals om het minste verkoudheidje te vermijden, soep eten om goed te groeien en mooi rechtop staan om geen strak korset te hoeven dragen. De baby's die links en rechts ter wereld kwamen werden gevaccineerd, gesurveilleerd en maandelijks naar een zaaltje van het gemeentehuis gebracht waar zuigelingen werden gewogen. De kranten kopten dat de jaarlijkse kindersterfte nog steeds rond de vijftigduizend lag.

Voor aangeboren zwakzinnigheid was men niet bang. Wel was men beducht voor waanzin, waar normale mensen ineens op geheimzinnige wijze door konden worden overvallen.

De vage, beschadigde foto van een klein meisje dat op een brug rechtop voor een slagboom staat. Ze heeft kort haar, dunne dijen en knokige knieën. Vanwege de zon houdt ze haar hand boven haar ogen. Ze lacht. Op de achterkant staat geschreven: *Ginette 1937*. Op haar graf: *op zesjarige leeftijd op Witte Donderdag 1938 overleden*. Het is het oudere zusje van de kleine meid op het strand van Sotteville-sur-Mer.

Jongens en meisjes werden overal gescheiden. De jongens, luidruchtige schepsels die nooit huilden en altijd klaarstonden om met iets te gooien, steentjes, kastanjes, rotjes, harde sneeuwballen, gebruikten lelijke woorden, lazen *Tarzan* en de strips van *Bibi Fricotin*. De meisjes, die bang voor hen waren, kregen het dwingende advies hun voorbeeld niet te volgen, ze konden beter rustige spelletjes doen, rondedans, hinkelspel, gouden ring. Op donderdagen in de winter speelden ze schooltje in een klasje met oude knopen of uit *L'Écho de la mode* geknipte poppetjes, uitgespreid op de keukentafel. Ze werden door hun moeders en door de school aangemoedigd tot klikken, 'ik ga het zeggen!' was hun favoriete dreigement. Ze riepen elkaar onderling aan met *hé, dingetje!*, luisterden naar vieze verhaaltjes en herhaalden die fluisterend, met hun hand voor hun mond, grinnikten in hun vuistje bij het verhaal van Maria Goretti, die liever had willen sterven dan met een jongen te doen wat zij maar al te graag zouden willen mogen doen, schrokken van hun eigen verdorvenheid, waar de volwassenen geen flauw vermoeden van hadden. Ze droomden ervan borsten en haar te hebben, een verband met bloed in hun onderbroekje. Ondertussen lazen ze de strips van Bécassine en *Les Patins d'argent* van P.-J. Stahl, *En famille* van Hector Malot, ze gingen met school naar de bioscoop en zagen er *Monsieur Vincent*, *Le Grand Cirque* en *La Bataille du rail*, films die de ziel verhieven en karaktervastheid verheerlijkten, die gemene gedachten verdrongen. Maar ze wisten dat de werkelijkheid en de toekomst te vinden waren in de films waarin Martine Carol speelde, in de tijdschriften die met hun titels, *Nous deux*, *Confidences* en *Intimité*, een voorbode waren van de begeerlijke, verboden onzedigheid.

De woningen die in het kader van de Wederopbouw werden opgetrokken, schoten uit de grond in het grillige geknars van zwenkende kranen. De distributiemaatregelen waren afgelopen en er begonnen nieuwe producten op de markt te komen, maar toch nog zo onregelmatig dat ze met vrolijke verbazing werden onthaald, de bruikbaarheid ervan werd in de alledaagse gesprekken getaxeerd en bediscussieerd. Zoals in sprookjes doemden ze plotseling op, ongezien en onvoorspelbaar. Er was voor elk wat wils, de Bic-balpen, shampoo in eenpersoonsporties, Bulgomme en Gerflex, Tampax en crèmes voor overtollig donshaar, Gilac-plastic, terlenka, neonbuizen, melkchocolade met hazelnoten, de Solex en tandpasta met chlorofyl. Men was verbijsterd over de tijd die je kon besparen met gedroogde soep uit een pakje, de snelkookpan en mayonaise uit een tube, men gaf de voorkeur aan conserven boven verse producten, vond peren op siroop chiquer dan verse en serveerde liever doperwten uit blik dan uit de tuin. De vraag of etenswaren 'licht verteerbaar' waren, hoe vitaminerijk en hoe goed voor de 'lijn', begon belangrijk te worden. Men was verrukt over uitvindingen die sinds mensenheugenis ingesleten handelingen en inspanningen overbodig maakten, en die een tijd inluidden waarin je, zeiden de mensen, niets meer zou hoeven te doen. Men sprak er kwaad van: het was de schuld van de wasmachine dat het wasgoed sneller sleet en van de televisie dat de mensen hun ogen bedierven en op een onchristelijk uur naar bed gingen. Buren die dat soort tekens van vooruitgang bezaten, waar ze de nodige maatschappelijke status aan ontleenden, werden in het oog gehouden en benijd. In de stad pronkten grote jongens met hun Vespa's en scheurden rondjes om de meisjes. Stram en stoer op hun zadel voerden ze er één mee die haar hoofddoekje onder haar kin had geknoopt en haar armen om hen heen had geslagen om niet te vallen. Je had in één klap wel drie jaar ouder willen zijn, wanneer je ze met knetterende motor de straat uit zag rijden.

De reclame hamerde de kwaliteit van producten er met dwingend enthousiasme in, *Lévitan, meubels met levenslange garantie! Chantelle, de step-in die niet opkruipt! Olie van Lesieur is eerste keus en keur!* Reclameslogans werden opgewekt gezongen, *top top top, was je haar met Dop, Colgate, Colgate, voor een gezond gebit*, of dromerig, *Hoe heerlijk is 't om thuis te zijn met Elle*, of smachtend, met de stem van Luis Mariano, *Een Lou-beha is oh la la*. Terwijl je aan de keukentafel je huiswerk zat te maken, riepen de advertenties op Radio Luxembourg, net zo goed als de liedjes, het zekere geluk op dat de toekomst brengen zou, je voelde je omringd door afwezige dingen die je eens zou mogen kopen. In afwachting van het moment dat je groot genoeg was om lippenstift van het merk Baiser en parfum van het merk Bourjois (*met de b van blijdschap*) op te doen, verzamelde je de plastic diertjes die verstopt zaten in pakken koffie, de strips van de fabels van La Fontaine in de verpakking van

Menier-chocoladerepen, die in het speelkwartier werden geruild.

Je had tijd genoeg om naar dingen te verlangen, het plastic schooletui, schoenen met crêpezolen, het gouden horloge. Het bezit ervan was geen ontgoocheling. Je liet ze door anderen bewonderen. Het mysterie en de magie waarvan ze vervuld waren, raakten niet uitgeput als ze werden bekeken en betast. Wanneer je ze door je handen liet gaan, bleef je van die spullen iets ondefinieerbaars verwachten, ook nadat je ze had gekregen.

Vooruitgang was de horizon van eenieders bestaan. Vooruitgang stond voor welzijn, gezonde kinderen, lichte huizen en verlichte straten, kennis, alles waarmee de rug werd toegekeerd aan de donkere dingen van het platteland en aan de oorlog. Vooruitgang zat in plastic en in formica, in antibiotica en in sociale uitkeringen, in stromend water boven de gootsteen en in stadsriolering, in vakantiekolonies, in voortgezet onderwijs en in atoomenergie. *Je moet met je tijd meegaan,* werd er om de haverklap gezegd, als bewijs van intelligentie en van een open geest. In het derde jaar mocht je een opstel schrijven over de 'weldaden van de elektriciteit' of 'iemand die tegenover u afgeeft op de moderne wereld' van repliek dienen. Ouders beweerden dat *de jongeren heel wat meer zullen weten dan wij.*

Intussen was de werkelijkheid dat kinderen en ouders, broers en zussen in hun krappe woningen gedwongen waren op dezelfde kamer te slapen, dat ze zich nog steeds in een teiltje wasten en hun behoeften deden op de buiten-wc, dat het badstoffen maandverband werd uitgespoeld in een emmer koud water. Verkoudheden en bronchitis van de kinderen werden verlicht met mosterdpleisters. Ouders behandelden hun griep met Aspro en een grog. Mannen pisten op klaarlichte dag tegen muren en wie doorleerde wekte argwaan, men was bang dat studeren een onduidelijke straf zou uitlokken, dat je het zou moeten vergelden als je het te hoog in je bol kreeg, en dat je mesjogge zou worden. In elk gebit ontbraken tanden. De tijd waarin we leven, zeiden de mensen, is niet voor iedereen dezelfde.

Er veranderde niets aan de gang der dagen, op vaste tijdstippen hadden mensen dezelfde pleziertjes, geheel los van alle nieuwe dingen die er waren. In de lente was het weer tijd voor de communiefeesten, voor het feest van de Jeugd en het openluchtfeest van de parochie, voor het circus Pinder, en de olifanten van de circusstoet versperden in één klap de straat met hun ontzaglijke grijze lijf. In juli had je de Tour de France, waarnaar je op de radio luisterde, en in een plakboek hield je de uitgeknipte krantenfoto's van Geminiani, Darrigade en Coppi bij. In de herfst waren er draaimolens en andere kermisattracties. Je kreeg je jaarlijkse portie botsautootjes toegediend in het geratel en de vonken van de metalen stelen en het gebulder van het *Rijen maar, jongelui! Rijen maar, racekarretjes!* Op de verhoging van de kermisloterij werd Bourvil geïmiteerd door steeds dezelfde jongen met een roodgestifte neus, een gedecolleteerde vrouw in de kou lokte klanten voor wat een broeierig schouwspel beloofde te zijn, 'de Folies-Bergères tussen middernacht en twee uur 's ochtends', minimumleeftijd zestien jaar. Op de gezichten van wie een kijkje achter het gordijn hadden durven nemen en ginnegappend weer naar buiten kwamen, speurde je naar aanwijzingen voor wat ze hadden gezien. Het drabbige water en de vette baklucht riekten naar losbandigheid.

Later zou je oud genoeg zijn om het gordijn van de tent opzij te schuiven. Drie vrouwen dansten in bikini, zonder muziek, op een planken vloer. Het licht ging uit en weer aan; de vrouwen stonden stokstijf, met ontblote borsten, tegenover de her en der op het asfalt van de Place de la Mairie verspreide, schaarse toeschouwers. Buiten brulde een speaker een liedje van Dario Moreno, *Ey mambo, mambo italiano*.

Het geloof was het officiële kader van het leven, het gaf structuur aan de tijd. De krant publiceerde magere menu's voor de vastenperiode, waarvan de verschillende fasen op de Postkalender genoteerd stonden, van septuagesima tot Pasen. Op vrijdag werd er geen vlees gegeten. De zondagse mis bleef het geschikte moment om schoon ondergoed aan te doen, een nieuw kledingstuk in te wijden, zich uit te dossen met een hoed, handtas of handschoenen, mensen te zien en gezien te worden, de koorknapen met de blik te volgen. Voor iedereen was misbezoek een uiterlijk teken van deugdzaamheid en de zekerheid van een lotsbestemming die geschreven stond in een welbepaalde taal, het Latijn. Elke week dezelfde gebeden in je misboek lezen, dezelfde rituele verveling van de preek verduren, had een louterende werking, voorafgaand aan het genot om kip en taartjes van de banketbakker te eten, om een film te gaan zien in de bioscoop. Dat onderwijzers en ontwikkelde mensen van onbesproken gedrag toch nergens in geloofden, leek een anomalie. Alleen het geloof stond aan de bron van de moraal en gaf een mens waardigheid, de ongelovige leidde een hondenleven. De wet van de Kerk stond boven alle andere wetten en enkel de Kerk kon de grote momenten van het bestaan bekrachtigen: 'Mensen die niet kerkelijk getrouwd zijn, zijn niet echt getrouwd', heette het in de catechismusles. Uitsluitend het katholieke geloof, andere geloofsrichtingen dwaalden of waren bespottelijk. Op de speelplaats werd geblèrd: *De grote sultan heeft gefuifd / Hij heeft gedronken hij heeft gekluifd / Hij heeft genoten spijs en drank / Daarvoor zij Allah eeuwig dank / Daarvoor zij Allah eeuwig dank!*

Met ongeduld werd er gewacht op de plechtige communie, het roemrijke voorspel voor alle belangrijks dat ging gebeuren, de maandstonden, het lagere-schooldiploma oftewel de toegang tot het middelbaar onderwijs. In de schoolbanken, die door een middenpad waren gescheiden, leken de jongens in hun donkere pak met armband en de meisjes in hun lange witte jurk met voile op de jonggehuwden die ze, twee aan twee gekoppeld, over tien jaar zouden zijn. Nadat we unisono bij de vespers *ik verzaak de duivel en geef mij aan Jezus over voor altijd* hadden opgedreund, hoefden we ons geloof vervolgens niet meer te belijden, we waren tot christen geslagen, voorzien van de bagage die noodzakelijk en voldoende was om ons opgenomen te voelen in de heersende gemeenschap en er zeker van te zijn dat *er vast iets is na de dood.*

Iedereen kon het onderscheid maken tussen wat hoort en wat niet hoort, tussen Goed en Kwaad, normen en waarden waren leesbaar in de blik die anderen op je wierpen. Afgaand op hun kleding onderscheidde je kleutermeisjes van tienermeisjes, tienermeisjes van jongvolwassen meisjes, jongvolwassen meisjes van jonge vrouwen, moeders van grootmoeders, arbeiders van middenstanders en van ambtenaars. Rijke mensen zeiden van te goed geklede verkoopsters en typistes: 'Ze draagt al haar kapitaal op haar rug.'

Openbaar of privé, alle scholen leken op elkaar, daar werd een onveranderlijk weten overgedragen in stilte, op ordelijke wijze, met respect voor de hiërarchie en met volledige onderwerping: een werkschort dragen, bij het luiden van de bel in de rij gaan staan, opstaan als de directrice maar niet als een surveillante binnenkwam, in het bezit zijn van de *reglementaire* schriften, pennen en potloden, niet tegenspreken als je aanmerkingen kreeg, 's winters geen broek dragen zonder daarboven een rok aan te trekken. Het recht om vragen te stellen kwam alleen leerkrachten toe. Als je een woord of uitleg niet begreep, was dat je eigen schuld. Je was er trots op aan strenge regels en aan opsluiting onderworpen te zijn, als ging het om een voorrecht. Het op privé-instellingen verplichte uniform gold als het zichtbare teken van hun volmaaktheid.

De lesprogramma's veranderden niet, Molières *Dokter tegen wil en dank* in de eerste, Molières *De schelmenstreken van Scapin*, Racines *De pleiters* en Hugo's 'Les Pauvres Gens' in de tweede, Corneilles *De Cid* in de derde enzovoorts, en de handboeken evenmin, Malet-Isaac voor geschiedenis, Demangeon voor aardrijkskunde, Carpentier-Fialip voor Engels. Deze brok kennis was slechts bestemd voor een minderheid die zich jaar na jaar bevestigd zag in de eigen intelligentie en verhevenheid, van *rosa rosam* via de gelijkheid van Chasles-Möbius en de trigonometrie tot Corneilles beroemde regel 'Rome, enig doelwit van mijn verbittering', terwijl het overgrote merendeel zich nog steeds bezighield met het oplossen van treinproblemen en het leren hoofdrekenen, en bij het mondeling examen ter afsluiting van de lagere school *La Marseillaise* moest kunnen zingen. Haalde je dat *certificat*, of anders na vier jaar voortgezet onderwijs het *brevet*, dan was dat een hele gebeurtenis, die in de kranten met vermelding van de geslaagden werd beloond. Leerlingen die voor hun examens waren gezakt, moesten tot hun schade en schande hun onwaardigheid ondervinden, ze waren *ongeschikt*. De lofzang op het onderwijs die in alle toespraken terugkwam, onttrok aan het zicht hoe karig het werd verstrekt.

Kwam je op het trottoir een scholiere tegen die de hele lagere school naast je had gezeten, maar nu ergens in de leer was of ingeschreven stond op een beroepsschool voor boekhouding en administratief werk, dan zou het niet in je opkomen te blijven staan en een gesprekje aan te knopen, net zomin als de dochter van de notaris, van wie de gelig-bruine teint na een wintersportvakantie het teken was van haar hogere rang, jou buiten school ook maar één blik waardig keurde.

Werklust, inzet, doorzettingsvermogen, dat waren de maatstaven voor de beoordeling van gedrag. Op de dag van de prijsuitreikingen kregen we boeken waarin het heldendom van luchtvaartpioniers, generaals en kolonisten werd verheerlijkt, Mermoz, Leclerc, de Lattre de Tassigny, Lyautey. Alledaagse moed werd niet vergeten, we dienden bewondering te hebben voor de huisvader, 'die avonturier van de moderne wereld' (Charles Péguy), voor 'het nederige leven met zijn saaie, eenvoudige werk' (Paul Verlaine) en opstellen te schrijven waarin we zinnen becommentarieerden van Georges Duhamel en Saint-Exupéry, 'de leerrijke geestkracht van Corneilles helden', te laten zien 'hoe liefde voor de familie leidt tot liefde voor het vaderland' en hoe 'arbeid ons afhoudt van drie grote kwalen, verveling, zonde en nooddruft' (Voltaire). We lazen het striptijdschrift *Vaillant* en het katholieke meisjestijdschrift *Âmes vaillantes*.

Om de jeugd in dat ideaal te sterken en ook lichamelijk te harden, zodat ze zich verre zou houden van de valstrikken van de luiheid en van demoraliserende bezigheden (lezen en bioscoopbezoek), om er 'aardige kerels' en 'nette, frisse en flinke meisjes' van te maken, werd families aangeraden hun kinderen naar de welpen en de verkenners, de kabouters en de gidsen, de Kruisvaarders en de Franke Kameraden te sturen. 's Avonds voor een kampvuur of bij dageraad op pad, achter een krijgshaftig heen en weer gezwaaid vaandel, onder het zingen van *Youkaïdi Youkaïda* ontstond de magische eenheid van natuur, orde en moraal. Op de omslagen van *La Vie catholique* en van *L'Humanité* keken stralende gezichten de toekomst tegemoet. Die gezonde jeugd, die zonen en dochters van Frankrijk, zouden de generatie verzetslieden die hun was voorgegaan aflossen, zoals president René Coty in juli 1954 in een meeslepende toespraak op het stationsplein boven de hoofden van de per instelling gegroepeerde leerlingen had uitgeroepen, terwijl de witte wolken van een volledig verregende zomer in een onweershemel langsjoegen.

Je wist wel dat zich onder het ideaal en de stralende blik een vormeloos, glibberig territorium van woorden en dingen, beelden en gedragingen uitstrekte: ongehuwde moeders, de handel in blanke slavinnen, de affiches van de film *Caroline chérie*, kapotjes, geheimzinnige advertenties voor 'intieme hygiëne, discretie verzekerd', de omslagen van het tijdschrift *Guérir*, 'vrouwen zijn maar drie dagen per maand vruchtbaar', liefdeskinderen, aanranding van de eerbaarheid, Janet Marshall in een bosje door Robert Avril gewurgd met haar beha, overspel, de woorden 'lesbienne' en 'pederast', de wellust, zonden die men niet durft te biechten, miskramen, vuile manieren, de boeken op de index, *Tout ça parc' qu'au bois d'Chaville*, ongehuwd samenwonen, en zo door tot in het oneindige. Tal van onbespreekbare dingen, die alleen volwassenen werden geacht te weten – allemaal waren ze terug te voeren op de geslachtsorganen en het gebruik ervan. Alle maatschappelijke achterdocht richtte zich op seks, overal werden de tekens ervan waargenomen, in decolletés, strakke rokken, nagellak, zwart ondergoed, bikini's, in gemengde activiteiten, donkere bioscoopzalen, openbare toiletten, in de spieren van Tarzan, in vrouwen die roken en hun benen over elkaar slaan, in het strelen van je eigen haar tijdens de les enzovoorts. Het was de voornaamste beoordelingsmaatstaf van meisjes, het schiftte ze in 'fatsoenlijk' en 'onfatsoenlijk'. De 'morele waardering', die op de kerkdeur werd aangeplakt voor de films van de week, had uitsluitend daarop betrekking.

Maar je was het toezicht te slim af, je ging kijken naar *Manina la fille sans voile* of naar *La Rage au corps* met Françoise Arnoul.

Je had wel op die filmheldinnen willen lijken, vrij genoeg willen zijn om je te gedragen zoals zij. Maar tussen boeken en films en de maatschappelijke geboden lag de ruimte van het verbod en het morele oordeel, je had geen recht op identificatie.

Onder die omstandigheden leek er aan de jaren van masturbatie geen einde te komen, voordat seks was toegestaan in het huwelijk. Je moest leven met het verlangen naar dat genot waarvan je meende dat alleen volwassenen er recht op hadden, een verlangen dat koste wat het kost bevredigd wilde worden, ondanks alle afleidingsmanoeuvres en gebeden, zodat je door het geheim dat je meedroeg ging behoren tot de perverselingen, hysterici en hoeren.

Zo stond het in de Larousse:

onanie: geheel van middelen die worden gebruikt om op kunstmatige wijze seksueel genot op te wekken. Onanie leidt vaak tot zeer ernstige ontsporingen; daarom dient toezicht te worden uitgeoefend op kinderen die de puberteit naderen. Middelen als kaliumbromide, koudwaterkuren, gymnastiek, lichamelijke oefeningen, hoogtekuren, ijzerhoudende en arseenhoudende preparaten enz., kunnen afwisselend worden aangewend.

In bed of op de wc masturbeerde je terwijl de hele maatschappij toekeek.

De jongens waren er trots op om het leger in te gaan en je vond ze mooi in hun soldatenpak. Op de avond na de keuring gingen ze op kroegentocht om te vieren dat ze de glorierijke status van echte mannen hadden verworven. Voordat ze onder de wapens kwamen, waren ze nog jochies en op de arbeids- en huwelijksmarkt niets waard. Daarna zouden ze een vrouw en kinderen kunnen hebben. Op verlofdagen wandelden ze door de buurt, uitgedost in een uniform dat hen tooide met patriottische schoonheid en viriele opofferingsgezindheid. De schaduw van de zegevierende frontsoldaten, van de GI's, hing om hen heen. Het stugge laken van hun veldtenue, dat je lichtjes beroerde wanneer je op je tenen ging staan om ze te kussen, materialiseerde de volstrekte scheiding tussen de mannen- en vrouwenwereld. Je werd, als je ze zag, door heldhaftige gevoelens bevangen.

Achter wat onveranderd bleef, de affiches van het circus van vorig jaar met de foto van Roger Lanzac, de eerstecommuniefoto's die je uitdeelde aan schoolvriendinnen, de *Club des Chansonniers* op Radio Luxembourg, vulden zich de dagen met nieuwe verlangens. Op zondagmiddag verdrongen de mensen zich voor het televisieapparaat in de etalage van de algemene elektriciteitswinkel. Cafés investeerden in de aankoop van een ontvanger om klandizie te trekken. Motorcrosscircuits slingerden zich over de heuvels en je stond je de hele dag te vergapen aan de op en neer razende, oorverdovende machines. Het saaie stadsleven werd door elkaar geschud door steeds ongeduriger handelsverkeer met zijn nieuwe leuzen, 'initiatief' en 'dynamiek'. Tussen de kermis en het parochiefeest ontstond het voorjaarsritueel van de tweeweekse Handelsbeurs. In de centrumstraten werd het publiek door loeiende luidsprekers tot kopen aangezet, met tussendoor liedjes van Annie Cordy en Eddy Constantine, om kans te maken op het winnen van de Simca of de eetkamer. Op het podium van de Place de la Mairie vermaakte een lokale presentator het publiek met de grapjes van Roger Nicolas en Jean Richard, hij riep gegadigden op voor de talentenjacht *Le Crochet* of de quiz *Quitte ou double*, net als op de radio. In een hoek van het podium troonde de Koningin van de Detailhandel onder haar kroon. Handelswaar rukte op onder de vlag

47

van het feest. Mensen zeiden 'da's eens wat anders' of 'je bent er even uit, als je thuisblijft stomp je af'.

Een diffuse vreugde maakte zich van middenklasse-jongeren meester. Ze gaven fuiven, vonden een nieuwe taal uit, zeiden in elke zin 'da's flut', 'knetter', 'snoeihard' en 'loeigoed', probeerden het nuffige accent van kakmadam Marie-Chan-*taaa*l na te bootsen, speelden tafelvoetbal en bestempelden de generatie van hun ouders als 'ouwe sokken'. Ze grinnikten om Yvette Horner, Tino Rossi en Bourvil. Vagelijk waren ze allemaal op zoek naar bij hun leeftijd passende rolmodellen. Ze dweepten met Gilbert Bécaud en met de kapotte stoelen bij zijn concert in de Olympia. Op de radio luisterden ze naar Europe 1, dat alleen muziek, chansons en reclame uitzond.

Op een zwart-witfoto twee meisjes op een tuinpad, schouder aan schouder, allebei met de handen op de rug. Op de achtergrond struiken en een hoge bakstenen muur, in de lucht erboven grote witte wolken. Achter op de foto: *juli 1955, in de tuin van Pensionaat Saint-Michel.*

Links staat het grootste meisje, met kort, blond, naar achteren gekamd haar, een lichte jurk en sokjes, haar gezicht in de schaduw. Rechts een brunette met kort krullend haar, een bril en een rond gezicht, een hoog voorhoofd met een streep licht erover; ze draagt een donkere trui met korte mouwen en een stippelrok. Beide meisjes hebben ballerina's aan, de brunette zonder sokken. Ze hebben het werkschort dat ze in de klas dragen kennelijk uitgetrokken voor de foto.

Zelfs al valt de brunette niet te herkennen als het meisje met de vlechten op het strand, dat evengoed de blonde kan

zijn geworden, toch is zij en niet de blonde dat bewustzijn geweest, omvat door dat lichaam, met een niet inwisselbaar geheugen, waarmee dus kan worden bevestigd dat het krullende
haar van dat meisje afkomstig was van een permanent, sinds
de plechtige communie ritueel aangebracht in mei, dat haar
rok was vermaakt uit een te strak geworden jurk van de zomer ervoor, en de trui gebreid door een buurvrouw. En met
de gewaarwordingen en indrukken die dat bebrilde, donker-
harige pubermeisje van veertienenhalf heeft opgedaan, kan
het schrijven hier iets terugvinden van wat in de jaren vijftig
langsgleed, de weerschijn opvangen die door de collectieve
geschiedenis op het scherm van het individuele geheugen
werd geprojecteerd.

Afgezien van de ballerina's valt in het uiterlijk van dit pubermeisje niets onder wat toen 'modieus' was en wat je in mo-
debladen en grootstedelijke winkels zag, kuitlange rok met
Schotse ruit, zwarte trui en groot medaillon, paardenstaart
met een pony à la Audrey Hepburn in *Roman Holiday*. De foto
zou kunnen dateren uit het einde van de jaren veertig of uit
het begin van de jaren zestig. In de ogen van alle mensen die
later zijn geboren, is het domweg een foto van vroeger, beho-
rend tot de voorgeschiedenis van het eigen ik, waarin alle eerdere levens gelijkgeschakeld zijn. Toch viel dat licht van opzij
op het gezicht van dat meisje en op haar trui, tussen de zich
voorzichtig aftekenende borsten, en voelde het als de warme
gloed van een junizon in een jaar dat – voor historici net als
voor iedereen die toen leefde – onverwisselbaar was, 1955.

Misschien is ze zich niet bewust van de afstand tussen haar
en andere meisjes uit de klas, meisjes met wie ze nooit ofte
nimmer samen op de foto zou gaan. Een afstand die blijkt
uit de hobby's die ze hebben, uit hun tijdsbesteding buiten
school, uit hun algehele manier van leven, en die evengoed
bestaat tegenover de chique meisjes als tegenover de meisjes
die nu al aan het werk zijn in kantoren of werkplaatsen. Of

anders peilt ze die afstand wel, maar kan hij haar niet schelen.

Ze is nog nooit in Parijs geweest, honderdveertig kilometer verderop, en ook nog nooit naar een fuif, ze heeft geen platenspeler. Als ze haar huiswerk maakt, luistert ze naar de liedjes op de radio, waarvan ze de woorden in een schrift overschrijft, soms blijven ze dagenlang in haar hoofd hangen, onderweg naar school, tijdens de les, *toi qui disais qui disais que tu l'aimais qu'as-tu fait de ton amour pour qu'il pleure sous la pluie.*

Ze praat niet met jongens maar denkt er voortdurend aan. Ze zou willen dat ze lippenstift op mocht, dat ze nylonkousen en hoge hakken mocht dragen (ze schaamt zich voor haar sokjes, ze doet ze buitenshuis meteen uit) om te laten zien dat ze geen kind meer is en dat ze op straat achterna mag worden gelopen. Met dat doel blijft ze op zondagochtend na de mis 'rondhangen' op straat in het gezelschap van een paar vriendinnetjes uit hetzelfde 'eenvoudige' milieu als zij, waarbij ze er altijd op let dat ze de strenge moederlijke wet van *zo laat* niet overtreedt ('als ik zo laat zeg, is het zo laat, géén minuut later'). Het algehele verbod op uitgaan compenseert ze door het lezen van feuilletons in de kranten, *Les Gens de Mogador, Afin que nul ne meure, Rachel, La Citadelle.* Voortdurend ontvlucht ze de realiteit in denkbeeldige verhalen en ontmoetingen, die 's avonds onder de dekens uitmonden in orgasmes. Ze droomt dat ze een hoer is en ook bewondert ze het blonde meisje van de foto, nog andere meisjes van één klas hoger, die haar confronteren met haar kleffe ongelukslichaam. Ze zou graag net zo willen zijn als zij.

In de bioscoop heeft ze *La Strada* gezien, *Le Défroqué, Les Orgueilleux, The Rains of Ranchipur, La Belle de Cadix,* maar het aantal films waar ze niet naartoe mag en waar ze zin in heeft – *Les Enfants de l'amour, Le Blé en herbe, Les Compagnes de la nuit* enzovoorts – is groter dan dat van de films die zijn toegestaan.

(Naar het centrum gaan, dagdromen, zichzelf vingeren en wachten, mogelijke samenvatting van een jeugd in de provincie).

Wat is er in haar aan kennis van de wereld, buiten de kennis die ze tot dat derde leerjaar heeft vergaard, welke sporen van gebeurtenissen en nieuwsfeiten die maken dat je later 'dat weet ik nog' zegt als ze door een toevallig opgevangen zinnetje worden opgeroepen?
de grote treinstaking in de zomer van '53
de val van Dien Bien Phu
Stalins dood, die op een koude ochtend in maart op de radio wordt gemeld, vlak voordat ze naar school vertrekt
de leerlingen uit de lage klassen die in rijen voor de kantine staan om het glas melk van Mendès France te drinken
de deken gemaakt van door alle leerlingen gebreide lapjes en opgestuurd aan Abbé Pierre, over wiens baard schuine moppen worden verteld
de massavaccinatie van de hele stad op het gemeentehuis, tegen de pokken, omdat er in Vannes meerdere mensen aan zijn gestorven
de overstromingen in Holland
  Waarschijnlijk is er in haar gedachten niets over de laatste doden in Algerije, gevallen in een hinderlaag, de recentste episode in de onlusten waarvan ze pas later te weten zal komen dat ze zijn uitgebroken op Allerheiligen '54, en dan zal ze zich die dag weer voor de geest roepen, hoe ze in haar kamer zit, dicht bij het raam, met haar voeten op bed, en naar de gasten van een huis aan de overkant kijkt die de een na de ander de tuin in lopen om achter de blinde muur te plassen, met als gevolg dat ze nooit de datum van de Algerijnse opstand zal vergeten en ook nooit die middag van Allerheiligen, waarvoor ze over een helder beeld beschikt, een soort zuiver feit, een jonge vrouw die als een broedende kip in het gras

51

hurkt en bij het opstaan haar rok gladstrijkt.

Tot dezelfde onbetamelijke herinneringen, want zulke zaken formuleren zou ondenkbaar, beschamend of krankzinnig zijn, behoren:

een bruine vlek op een laken dat haar moeder heeft geërfd van haar drie jaar eerder overleden grootmoeder – een onuitwisbare vlek, die haar hevig aantrekt en afstoot, alsof hij levend is

de scène tussen haar ouders, op de zondag die voorafging aan het toelatingsexamen voor de middelbare school, toen haar vader haar moeder uit de weg wilde ruimen door haar naar de provisieruimte te sleuren, vlak bij het hakblok waar het kapmes in gestoken zat

de herinnering die elke dag terugkomt wanneer ze, op weg naar school, het talud passeert waar ze op een januarizondag twee jaar eerder zag hoe een klein meisje in een korte jas haar voet voor de grap in de natte klei duwde. De volgende dag was de voetafdruk er nog steeds, hij bleef daar maanden staan.


De zomervakantie is een lange periode van verveling, van onbeduidende bezigheden om de dagen te vullen:

luisteren naar de aankomst van de Tour de France-etappe, de foto van de winnaar in een speciaal schrift plakken

aan de hand van de nummerplaten van de auto's op straat bepalen uit welk departement ze afkomstig zijn

in de streekkrant de samenvattingen lezen van de films die ze niet zal zien, van de boeken die ze niet zal lezen

een servetetui borduren

mee-eters uitdrukken en de huid deppen met Eau Précieuse of citroenschijfjes

naar het centrum gaan om shampoo en een Petit Classique Larousse te kopen, met neergeslagen ogen het café passeren waar jongens aan het flipperen zijn

De toekomst is te onmetelijk om er zich een voorstelling van te kunnen maken, ze komt eraan, meer niet.

Als ze meisjes uit de kleuterklasjes op de speelplaats *Cueillons la rose sans la laisser flétrir* hoort zingen, lijkt haar eigen kindertijd heel ver weg.

Halverwege de jaren vijftig bleven tieners tijdens familie-etentjes aan tafel zitten, ze luisterden naar de gesprekken zonder eraan deel te nemen, glimlachten beleefd bij grapjes waar ze niet om konden lachen, bij goedkeurende opmerkingen aan hun adres over hun lichamelijke ontwikkeling, bij pikante toespelingen bedoeld om hen te doen blozen, en gaven alleen antwoord op behoedzaam gestelde vragen over hun schoolloopbaan, want ze voelden zich nog niet klaar om een gelijkwaardige bijdrage te leveren aan het algemene gesprek, al vormden de wijn bij het eten, de likeurtjes en de blonde sigaretten bij het dessert een eerste aanzet tot inwijding in de kring der volwassenen. Je raakte vervuld van de gemoedelijkheid tijdens zo'n feestdis, waar de gebruikelijke scherpte van het maatschappelijk oordeel wordt verzacht, zich wijzigt in een week soort welwillendheid, zodat wie een jaar eerder nog dodelijk gebrouilleerd waren, elkaar nu het kommetje mayonaise doorgaven. Je verveelde je een beetje, maar niet zo erg dat je liever al de volgende dag in de wiskundeles zat.

Na de commentaren op de gerechten waarvan men aan het genieten was, en die herinneringen opriepen aan dezelfde maar onder andere omstandigheden gegeten gerechten, na de raadgevingen over de beste bereidingswijze ervan, discussieerden de tafelgenoten over het al dan niet bestaan van vliegende schotels, over de Spoetnik en over wie, de Amerikanen of de Russen, als eersten voet op de maan zouden zetten, over Abbé Pierres noodnederzettingen, over het leven dat zo duur was. Uiteindelijk werd de oorlog weer opgerakeld. Ze memoreerden de uittocht, de bombardementen, de naoorlogse rantsoeneringen, de swingjeugd, de golfbroeken. Het was de roman van onze geboorte en onze vroege kindertijd, waar je met ondefinieerbaar heimwee naar luisterde, hetzelfde heimwee dat je voelde tijdens het gloedvolle declameren van Préverts *Rappelle-toi, Barbara*, overgeschreven in een persoonlijk gedichtenschrift. Maar in de toon van de stemmen zat verwijdering. Met het overlijden van grootouders die de twee oorlogen hadden meegemaakt, met het opgroeien van de kinderen, met de voltooide wederopbouw van de steden, de vooruitgang en de meubels op afbetaling was er iets teloorgegaan. De herinneringen aan de ontberingen van de bezetting en van kinderjaren op het platteland kwamen samen in een tijd die voltooid verleden was. De mensen waren er zo ontzettend van overtuigd dat hun leven beter was geworden.

Er werd al niet meer gepraat over het zo verre, zo exotische Indochina – 'twee rijstzakken aan weerszijden van een bamboestok', zoals in het handboek aardrijkskunde stond geschreven –, dat zonder veel spijt verloren was gegaan in Dien Bien Phu, waar alleen was gevochten door heethoofden, vrijwilligers zonder fatsoenlijk beroep. Dat conflict had voor de mensen nooit echt geleefd. Ze hadden ook geen zin om een domper op de sfeer te zetten met de onlusten in Algerije, waarvan niemand precies wist hoe ze waren begonnen. Maar over één ding was iedereen het eens, ook wij, want het behoorde tot de leerstof van het *brevet*: Algerije met zijn drie departementen was Frankrijk, net als een groot deel van Afrika, waar onze bezittingen op de atlas de helft van het continent besloegen. De opstand moest nu eenmaal worden neergeslagen, de 'fellaga's' moesten worden uitgerookt, die snelle bekkensnijders waarvan je de verraderlijke schaduw over het donkerhuidige gezicht zag glijden van de nochtans vriendelijke Noord-Afrikaanse venter, *sidi-mon-z'ami*, die liep te leuren met beddenkleedjes op zijn rug. Bij de rituele spot waaraan Arabieren en hun taalgebruik blootstonden, *travadja la moukère mets ton nez dans la cafetière / mets ton cul dans la soupière tu verras si c'est chaud*, voegde zich de zekerheid dat ze bloeddorstig waren. Normaal dus dat er dienstplichtige soldaten en ook reservisten naartoe werden gestuurd om de orde te herstellen, al vond iedereen het erg voor de ouders om een jongen van twintig te verliezen, die binnenkort zou trouwen en die op een foto in de streekkrant stond onder de vermelding 'gevallen in een hinderlaag'. Het waren individuele tragedies, geïsoleerde sterfgevallen. Er was geen vijand, geen frontsoldaat, geen veldslag. Je had geen oorlogsgevoel. De volgende oorlog zou uit het oosten komen, met Russische tanks zoals in Boedapest, om de vrije wereld te verwoesten, en het was zinloos om weg te trekken zoals in '40, tegen de atoombom maakte je geen kans. Met het Suezkanaal had het er al benauwd uitgezien.

Niemand sprak over de concentratiekampen, of hooguit terloops, wanneer het ging over iemand die zijn of haar ouders had verloren in Buchenwald, waarna er een bedroefde stilte viel. Het was een privé-verschrikking geworden.

Bij het dessert waren de patriottische liederen van na de bevrijding verdwenen. De ouders hieven *Parlez-moi d'amour* aan, oudere jongeren *Mexico* en de kinderen *Ma grand-mère était cow-boy*. Wijzelf zouden ons dood hebben geschaamd om net als vroeger *Étoile des neiges* te zingen. Werd ons gevraagd ook iets te kwelen, dan beweerden we dat we geen enkel lied helemaal uit ons hoofd kenden, want we wisten zeker dat Brassens en Brel uit de toon zouden vallen nu iedereen genoeglijk zat uit te buiken, dat het beter was om tranentrekkers te zingen die zich al bij eerdere maaltijden hadden bewezen. Het stond ons grondig tegen om een muzikale smaak te onthullen die ze toch niet konden begrijpen, zij die afgezien van het bij de bevrijding geleerde fuck you geen woord Engels kenden, en die nog nooit van The Platters of Bill Haley hadden gehoord.

Maar de volgende dag beseften we, in de stilte van de huiswerkzaal, bij het lege gevoel dat ons bekroop, dat de vorige dag, al wilden we het eigenlijk niet weten, al meenden we erbuiten te hebben gestaan en ons te hebben verveeld, een feestdag was geweest.


De weinige jongelui die boften dat ze de schoolbanken nog niet hoefden te verlaten, zaten gevangen in de oneindig trage tijd van het studeren – lesuren aangegeven door het regelmatige luiden van de bel, terugkerende driemaandelijkse opstellen, ellenlange tekstverklaringen van Corneilles *Cinna* en Racines *Iphigénie*, vertalingen van Cicero's *Pro Milone* – en vonden dat er nooit iets gebeurde. Ze noteerden zinnetjes van schrijvers over het leven, ontdekten hoe plezierig het is om over jezelf te kunnen denken in fonkelende formules, *bestaan is jezelf drinken zonder dorst*. Ze werden bevangen door gevoel voor het absurde en door de walging. Het kleverige tienerlichaam kwam samen met het 'genietigde' zijn van het existentialisme. Ze plakten foto's van Brigitte Bardot uit *Et Dieu créa la femme* in een klapper, griften de initialen van James Dean in het hout van een lessenaar. Ze kopieerden gedichten van Jacques Prévert, liedjes van Brassens, *Je suis un voyou* en *La Première Fille*, die op de radio verboden waren. Stiekem lazen ze *Bonjour tristesse* en de *Drie verhandelingen over de theorie van de seksualiteit*. Het veld van de verlangens en verboden werd onmetelijk groot. De mogelijkheid van een wereld zonder zonde begon te gloren. Volwassenen verdachten hen ervan dat ze door moderne schrijvers *gedemoraliseerd* waren en dat ze niets meer *respecteerden*.

Op korte termijn was het meest concrete verlangen het bezit van een pick-up en op zijn minst een paar langspeelplaten, dure dingen waarvan je eindeloos kon genieten in je eentje, tot het je de strot uit kwam, of met anderen, en waarmee je je aansloot bij de meest geëvolueerde kliek jeugdigen, die van het welgestelde middelbare-schoolmeisje, dat duffelcoats droeg, haar ouders betitelde als 'mijn ouwelui' en *ciao* zei bij wijze van afscheidsgroet.

Je kon geen genoeg krijgen van jazz en negro spirituals, van rock-'n-roll. Alles wat in het Engels werd gezongen, had een waas van mysterieuze schoonheid om zich heen. Dream, love, heart, stuk voor stuk zuivere woorden, zonder praktisch nut, die een gevoel van hogere werkelijkheid gaven. In de beslotenheid van je kamer zwolg je in steeds dezelfde plaat, het was als een drug, je hoofd werd meegevoerd, je lichaam ontplofte, er opende zich een andere wereld van geweld en liefde – die samenviel met de fuif, waar je zo dolgraag naartoe zou gaan als je maar toestemming had. Elvis Presley, Bill Haley, Armstrong, The Platters belichaamden de moderniteit, de toekomst, en zongen voor ons, jongeren, voor ons alleen, ze gaven ouderen het nakijken, ouders met hun oubollige smaak en boeren die van toeten noch blazen wisten, met hun operettewijsjes uit *Das Land des Lächelns*, hun liedjes van André Claveau en Line Renaud. Je voelde je onderdeel van een kring van ingewijden. Wat niet wegnam dat je kippenvel kreeg van Piafs *Les Amants d'un jour*.

Je keerde terug tot de stilte van de zomervakantie, waarin de plattelandsgeluiden helder, afzonderlijk opklonken, de stappen van een vrouw die boodschappen ging doen, het voorbijglijden van een auto, het gehamer van een laswerkplaats. De uren gingen op aan minuscule doelen, traag uitgesponnen bezigheden, het huiswerk van het jaar ordenen, een kast opruimen, een roman lezen en proberen hem niet te snel uit te hebben. Je bekeek jezelf in de spiegel, je kon niet wachten tot je haar lang genoeg zou zijn om een paardenstaart te maken. Je hoopte vergeefs op de komst van een vriendinnetje. Bij het avondeten moesten de woorden uit je worden getrokken, je at je bord niet leeg, waarna je het verwijt kreeg 'als je de oorlog had meegemaakt, zou je niet zo kieskeurig zijn'. De verlangens die je rusteloos maakten werden afgezet tegen de wijsheid je grenzen te kennen, 'je vraagt te veel van het leven'.

Nadat ze zolang in aparte groepjes de stad in getrokken en elkaar tegengekomen waren, 's zondags na de mis of de bioscoop, om elkaar heen gedraaid en blikken gewisseld hadden, spraken meisjes en jongens elkaar eindelijk aan. De jongens imiteerden hun leerkrachten, gaven woordgrapjes en kwinkslagen ten beste, maakten elkaar uit voor 'knaapje', vielen elkaar in de rede, 'hij kan zo lekker uit de hoek komen, je zou hem er zo weer in trappen', 'schrijf dat maar op je buik, het potlood hangt ernaast', 'je smoesje is goed, maar je praatje deugt niet'. Voor de grap stonden ze te smoezen zodat je ze niet kon verstaan, en riepen dan uit: 'van masturberen word je doof'. Ze bedekten theatraal hun ogen na het zien van ontstoken tandvlees en kraaiden: 'we hebben in de oorlog al genoeg gruwelen gezien'. Ze permitteerden het zich alles te zeggen, ze claimden het alleenrecht op het woord en op humor. Ze overtroefden elkaar met schuine moppen, hieven het beruchte *De profundis morpionibus* aan. De meisjes glimlachten voorzichtig. Al vonden ze ze niet per se grappig, de jongens die om hen heen aan het ronddarren waren voerden toch een show voor hen op, dat vervulde hen met trots. Dankzij hen verrijkten ze hun voorraad woorden en uitdrukkingen, in de ogen van andere meisjes zouden ze geëvolueerd klinken als ze *gaan pitten* of *in de plunje* zeiden. Maar intussen vroegen zowel jongens als meisjes zich angstig af wat ze elkaar te zeggen konden hebben als er niemand anders bij was, en voordat je naar je eerste afspraakje ging, liet je je de nodige moed inspreken door het nieuwsgierige medeleven van de groep.

Misschien wordt de afstand tussen heden en verleden voelbaar in het licht dat tussen schaduwen op de grond valt, over de gezichten glijdt en de plooien van een jurk doet uitkomen, in het steevast schemerige schijnsel, op welk uur van de dag er ook is geposeerd, van een zwart-witfoto.

Op deze staat een rijzig meisje met halflang, steil donker haar, een vol gezicht, knipperende ogen vanwege de zon, schuin weggedraaid van de camera, met één been lichtjes naar voren, zodat de lijn van haar dijen, gehuld in een strakke, halflange rok waarin de benen slanker lijken, goed zichtbaar is. Het licht strijkt over het rechter jukbeen en benadrukt de borsten die afsteken onder een trui met erboven een rond kraagje. Eén arm gaat verscholen, de andere hangt, met een mouw die boven een horloge en een brede hand omhoog is geschoven. Het verschil met de foto in de schooltuin is opvallend. Behalve de jukbeenderen en de vorm van de borsten, die groter zijn geworden, is er niets wat doet denken aan het brildragende meisje van twee jaar geleden. Ze poseert op een binnenplaats die uitziet op straat, voor een lage schuur met een opgelapte deur, zoals je die op het platteland en in voorsteden ziet. Op de achtergrond tekenen drie boomstammen op een hoog talud zich tegen de hemel af. Op de achterkant: *1957, Yvetot.*

Waarschijnlijk denkt ze alleen aan zichzelf, op dit precieze moment waarop ze glimlacht, aan de foto die van haar wordt gemaakt en die het nieuwe meisje vastlegt dat ze zich voelt worden:

wanneer ze op het eiland van haar kamer luistert naar Sidney Bechet, naar Édith Piaf en naar de gratis jazz-lp van het Guilde internationale du disque

wanneer ze in een aantekenboekje zinnen opschrijft die zeggen hoe je moet leven – het feit dat ze in boeken staan, geeft ze het gewicht van de waarheid, *er is geen ander werkelijk geluk dan het geluk waarvan je je bewust wordt als je ervan geniet*

Intussen weet ze tot welke sociale klasse ze behoort – bij haar thuis is er geen koelkast, geen badkamer, de wc is op de binnenplaats en ze is nog steeds niet in Parijs geweest –, haar stand is lager dan die van haar klasgenootjes. Ze hoopt dat ze daar geen erg in hebben, of dat ze het haar vergeven, ze is immers 'geinig' en 'vlot', zegt 'mijn nest' en 'ik zit in de rats'.

Al haar energie is erop gericht niet 'uit de toon' te vallen. Bezorgd is ze vooral om haar bril voor bijzienden, die haar ogen kleiner maken en haar de uitstraling geven van een 'studiebol'. Wanneer ze hem afzet, herkent ze op straat niemand meer.

In haar voorstellingen van de verste toekomst – na het eindexamen – ziet ze zichzelf en haar lichaam, haar uiterlijk, naar het model van de vrouwenbladen, slank, lang haar dat los over haar schouders hangt, zoals Marina Vlady in *La Sorcière*. Ze is ergens onderwijzeres geworden, misschien op het platteland, met een eigen auto, het opperste teken van emancipatie, een 2cv of 4cv, vrij en zelfstandig. Over dat beeld trekt de schaduw van de man, de onbekende, die ze zal ontmoeten zoals in *Un jour tu verras*, het liedje van Moujoudji, of misschien zullen ze zich in elkaars armen werpen zoals Michèle Morgan en Gérard Philipe aan het slot van *Les Orgueilleux*. Ze weet dat ze zich 'voor hem moet bewaren' en ervaart het als een vergrijp tegen de grote liefde dat ze zelf al solitair genot kent. Hoewel ze in een notitieboekje de dagen heeft opgeschreven waarop je volgens de Ogino-Knausmethode niet zwanger kunt worden, is ze een en al sentiment. Tussen seks en liefde is de scheiding totaal.

Na het eindexamen is haar leven een trap die moet worden beklommen en die verdwijnt in de mist.

Met het weinige dat je je op je zestiende hoeft te herinneren om te handelen en te bestaan, ziet ze haar kindertijd als een soort stomme film, in kleur, met beelden die opkomen en in elkaar overlopen, en op die beelden tanks en ruïnes, oude mensen die overleden zijn, een zelf geschreven en versierd wenskaartje voor moederdag, strips van Bécassine, de eerste-communieretraite en spelletjes kaatseballen. En veel zin om terug te denken aan de recente jaren heeft ze ook niet, alles is maar onbeholpenheid en schaamte, de verkleedpartijen als variétédanseres, het krulpermanentje, de sokjes.

Ze kan niet weten dat ze van dit jaar 1957 zal onthouden:
de bar van het strandcasino in Fécamp, waar ze op een zondagmiddag gefascineerd heeft toegekeken hoe een stel alleen op de dansvloer, traag en innig, een blues aan het dansen was. De lange, blonde vrouw droeg een witte jurk met waaierplissé. Haar ouders, die door haar tegen hun wil waren meegetroond, vroegen zich af of ze wel genoeg geld hadden om de consumpties te betalen
de ijskoude wc-cabines, op de speelplaats, waar ze op een februaridag midden in de wiskundeles naartoe moest vanwege een buikgriepaanval, denkend aan Sartres *Walging* en aan Antoine Roquentin in het park, *de hemel is leeg en God antwoordt niet*, ze heeft geen woord voor dat in de steek gelaten gevoel, met kippenvel-dijen van de kou en een maag die zich binnenstebuiten keert van de pijn. En ook niet voor het gevoel dat op kermisdagen over haar komt, op diezelfde binnenplaats van de foto, als ze van achter de bomen het schallen van de luidsprekers hoort, muziek en mededelingen die versmelten in een on-

61

begrijpelijk gedruis. Het is alsof zij niet meedoet aan het feest, alsof ze gescheiden is van iets wat aan haar voorafgaat.

Ook de berichten over de wereld die bij haar binnenkomen worden waarschijnlijk in haar omgebogen tot gewaarwordingen, gevoelens en beelden – zonder een spoor van de ideologieën waaruit ze zijn voortgekomen.

Zo ziet ze: Europa dat doormidden wordt gesneden door een ijzeren scheidsmuur, in het westen zonlicht en kleuren, in het oosten schaduw, kou, sneeuw en Sovjet-Russische tanks die op een dag de Franse grens over zullen komen en zullen neerstrijken in Parijs, net als in Boedapest, de namen Imre Nagy en Kadar achtervolgen haar, bij tussenpozen herhaalt ze de lettergrepen ervan

Algerije met op zijn zonverbrande, in bloed gedrenkte bodem overal hinderlagen, waar kleine mannen in wapperende boernoes rondwervelen, een beeld dat zelf afkomstig is uit het geschiedenisboek van het vierde leerjaar waarin wordt verteld over de verovering van Algerije in 1830, met als illustratie een schilderij, *De verovering van de smala van Abd-el-Kader*

de soldaten die zijn omgekomen in het Algerijnse Aurèsgebergte, ze lijken op Rimbauds *Slaper in het dal* en liggen in het zand *waarop het daglicht spat* met *twee rode gaten in de rechterzij*

Zulke voorstellingen drukten waarschijnlijk instemming met de repressie van de opstandelingen uit, al kreeg die wel een duchtige knauw door een in de streekkrant verschenen foto waarop deftig geklede Franse jongelui stonden te praten bij de uitgang van een school in Bab el-Oued, alsof de zaak waarvoor twintigjarige soldaten stierven misschien toch niet onvoorwaardelijk goed was.

Van dat alles staat niets in het dagboek dat ze is begonnen bij te houden, ze beschrijft erin hoe ze zich verveelt, hoe ze wacht op de liefde, in romantische, hoogdravende bewoordingen. Ze heeft genoteerd dat ze een opstel moet schrijven over Corneilles *Polyeucte*, maar leest liever de romans van

Françoise Sagan, die 'weliswaar door en door immoreel zijn', maar waarin 'een waarachtige toon' wordt aangeslagen.

Opnieuw rekenden mensen erop dat ze dankzij de dingen een beter leven zouden krijgen. Als ze het zich konden permitteren, zouden ze in plaats van het kolenfornuis een gasfornuis nemen, in plaats van de met wasdoek overdekte houten tafel een formicatafel, in plaats van de Renault 4cv een Dauphine, ze vervingen het veiligheidsscheermes en het smeedijzeren strijkijzer door hun elektrische tegenhangers en metalen keukengerei door plastic keukengerei. Het begerenswaardigste en ook duurste voorwerp was de auto, synoniem van vrijheid, van volstrekte macht over de ruimte, en in zekere zin over de wereld. Leren autorijden en je rijbewijs halen gold als een overwinning, die door de entourage even enthousiast werd begroet als slagen voor het eindexamen.

Ze schreven zich in voor een schriftelijke cursus tekenen, Engels of jiu-jitsu, een secretaresseopleiding. Tegenwoordig moet je meer weten dan vroeger, zeiden ze. Sommigen schrokken er niet voor terug naar het buitenland op vakantie te gaan zonder de taal te kennen, daarvan getuigde de *F* die op het nummerbord was geplakt. Op zondagen waren de stranden vol lijven in bikini die zich aan zonnebaden overgaven en zich van de wereld niets aantrokken. Op de kiezels blijven zitten of alleen poedelen met je voeten in het water en een opgeschorte jurk werd steeds ongebruikelijker. Over wie verlegen was en zich niet aan de groepsgeneugten onderwierp, werd gezegd *hij heeft complexen*. De 'vrijetijdssamenleving' werd uitgeroepen.

Maar ze wonden zich op over de politiek, over minister-presidenten die om de twee maanden aan de dijk werden gezet en over de jongelui die overzee aanhoudend vanuit hinder-lagen werden doodgeschoten. Ze wilden vrede in Algerije, maar geen tweede Dien Bien Phu. Ze stemden op de popu-list Poujade. 'Waar gaan we heen?' herhaalden ze. Ze waren volledig van de wijs door de putsch van 13 mei in Algiers, hamsterden suiker en olie met het oog op de ophanden zijn-de burgeroorlog. Ze geloofden dat alleen generaal De Gaulle alles, Algerije en Frankrijk, nog kon redden. Ze waren opge-lucht dat de redder van '40 in zijn edelmoedigheid bereid was om terug te keren en de teugels van het land in handen te ne-men – alsof ze beschermd werden door de lange schaduw van de man wiens lichaamslengte, waarover voortdurend grapjes werden gemaakt, het zichtbare bewijs van zijn bovenmense-lijke status was.

Wij, die ons op de affiches van de in puin geschoten stad een benig, scherp gezicht herinnerden onder een kepie met een vooroorlogs snorretje, die de oproep van 18 juni 1940 niet hadden gehoord, waren verbouwereerd en ontgoocheld door die hangwangen en borstelige wenkbrauwen als van een pafferige notaris, door die trillende ouwemannenstem. Het uit Colombey opgedoken kopstuk was een potsierlijke maat-staf van de tijd die van de kindertijd tot nu was verstreken. En we namen het hem kwalijk dat hij zo snel een einde had gemaakt aan wat ons het begin van een revolutie had geleken, terwijl we zaten te zweten op sinussen en cosinussen en op Franse literatuurgeschiedenis in de Lagarde & Michard.

'Je twee *bacs* halen' – het eerste aan het einde van de vijfde klas, het tweede in de eindexamenklas – was een onmisken-baar blijk van intellectuele superioriteit en de zekerheid van een succesvolle maatschappelijke carrière. Voor de meeste mensen waren de proeven en examens die je later nog zou afleggen minder belangrijk, dat je het 'tot daar had geschopt' was het enige dat telde.

Op de muziek van *Bridge on the River Kwai* voelde je je vertrokken voor de mooiste zomer van je leven. Van het ene moment op het andere verwierf je sociale status doordat je je eindexamen had gehaald, het vertrouwen dat de volwassen gemeenschap in je had gesteld, had je niet beschaamd. Ouders organiseerden een rondgang langs familie en vrienden, zodat het roemvolle bericht kon worden rondgebazuind. Er was er altijd wel een die grapte: 'Het licht der wereld is onder ons! Hoeveel is de vierkantswortel uit mijn rotte kies?' Ongemerkt begon de julimaand te lijken op die van een zomer eerder, met zijn slepende uren besteed aan boeken en platen, aan dichtregels zonder vervolg. De euforie vloeide weg. Pas als je besefte hoe de vakantie zou zijn geweest als je was gezakt, kreeg het succes weer glans. De echte beloning voor het eindexamen zou zijn geweest om een liefdesavontuur mee te maken zoals in de film *Marianne de ma jeunesse*. In afwachting daarvan flirtte je, sprak je stiekem af met een jongen die bij elk afspraakje iets lager kwam met zijn hand en die je algauw de bons zou moeten geven, want voor het eerst vrijen met een jongen die door je vriendinnen de bietenkroot werd genoemd, was niet aan de orde.

Eindelijk werd de ruimte breder, die zomer of een andere. De rijksten vertrokken naar Engeland, gingen met hun ouders naar de Côte d'Azur. De anderen, jeugdleiders in een vakantiekolonie, konden van omgeving veranderen, Frankrijk ontdekken en de boeken van het nieuwe cursusjaar betalen, terwijl ze met een dozijn blèrende jochies of kleffe meiden, en met in hun schoudertas het verbandtrommeltje en de koeken voor onderweg, wandeltochten op het land maakten onder het zingen van *Pirouette cacahouète*. Ze ontvingen hun eerste salaris en een socialeverzekeringsnummer. Ze waren trots op hun verantwoordelijkheden, tijdelijke dragers van het seculiere, republikeinse ideaal dat met 'actieve onderwijsmethoden' vrolijk in de praktijk werd gebracht. Wanneer ze toezicht hielden op de rij welpen die in hun onderbroek voor de wastafels stonden om zich te wassen en hun tanden te poetsen, of bij de rumoerige tafels als er onder geestdriftig geroep rijstebrij werd opgediend, waren ze ervan overtuigd dat ze meewerkten aan het model van een rechtvaardige, harmonieuze en goede orde. Al met al was het een uitputtende, maar glorierijke vakantie. Die je, dat wist je zeker, nooit zou vergeten wanneer je in de roes die de voor het eerst opgeheven scheiding tussen de seksen teweegbracht, eindelijk ver weg van de blik van je ouders, in spijkerbroek en met een Gauloise tussen je vingers de treden afvloog naar de kelder waar de muziek van de fuif opklonk, op dat moment overmand door het gevoel van een volstrekte, hachelijke jeugdigheid, alsof je aan het eind van de vakantie zou sterven, zoals in de film *Zij danste slechts één zomer*. Juist door dat uitzinnige gevoel belandde je na een slow op een veldbed of een strand met een mannelijk lid – iets wat je nooit eerder had gezien behalve op een foto, en dan nog – en sperma in je mond, omdat je had geweigerd je benen wijd te doen, omdat je op het allerlaatste moment moest denken aan de Ogino-Knauskalender. Een bleke, betekenisloze dag brak aan. Boven op woorden die je meteen nadat je ze had gehoord zou hebben willen vergeten, pak m'n pik zuig me af, moest je de woorden van een liefdesliedje leggen, *c'était hier ce matin-là, c'était hier et c'est loin déjà*, je moest verfraaien, de met sentiment opgesmukte fictie verzinnen van 'de eerste keer', je moest de herinnering aan een mislukte ontmaagding met melancholie omhullen. Lukte je dat niet, dan kocht je éclairs en snoep, verdronk je je verdriet in room en suiker of zuiverde je je daarvan door anorexia. Maar één ding was zeker, nooit meer zou je je kunnen herinneren hoe de wereld eruitzag voordat een naakt lichaam zich tegen het jouwe had gedrukt.

Schaamte was voor meisjes een niet-aflatend gevaar. Hoe ze zich kleedden en opmaakten, altijd lag de dreiging van het *teveel* op de loer: te kort, te lang, te gedecolleteerd, te strak, te opzichtig enzovoorts, hoe hoog hun hakken waren, met wie ze omgang hadden, waar ze naartoe gingen en hoe laat ze thuiskwamen, hoe het elke maand met het kruis van hun onderbroekje stond, alles in hun gedrag werd aan een algehele surveillance door de maatschappij onderworpen. Meisjes die de schoot van de familie moesten verlaten, werden opgevangen in het Meisjestehuis of op de universiteitscampus, gescheiden van de jongens, om ze tegen mannen en tegen de zonde te beschermen. Intelligentie, de studie die ze volgde, schoonheid, dat alles viel voor een meisje in het niet bij haar seksuele reputatie, dat wil zeggen haar waarde op de huwelijksmarkt – moeders wierpen zich op als hoedsters van die waarde, zoals hun eigen moeders eerder hadden gedaan; als je seks hebt voor je getrouwd bent, wil niemand je meer – stilzwijgend aangenomen: niemand behalve een even gebrekkig exemplaar aan de mannelijke kant van de markt, een invalide of zieke of, erger nog, een gescheiden man. Een ongehuwde moeder was niets meer waard, hoefde nergens meer op te hopen, behalve op de zelfopoffering van een man die bereid zou zijn om haar samen met de vrucht van haar misstap op te vangen.

Tot aan het huwelijk waren liefdesgeschiedenissen onderworpen aan de blik en het oordeel van anderen.

Wat niet wegnam dat er bij het flirten steeds verder werd gegaan, dat er werd bedreven wat nergens zegbaar was behalve in medische handboeken, fellatio, cunnilingus en soms sodomie. Jongens staken de draak met het condoom en vertikten de coïtus interruptus van hun vaders. Je droomde van anticonceptiepillen die, zo werd gezegd, in Duitsland werden verkocht. 's Zaterdags stonden witgesluierde meisjes in de rij om te trouwen, zes maanden later bevielen ze van verdacht robuuste prematuurtjes. Gevangen als ze zaten tussen de vrijheid van Bardot, de kwinkslagen van de jongens als zou maagdelijkheid ongezond zijn en de geboden van ouders en Kerk, viel er niet te kiezen. Niemand vroeg zich af hoe lang het zou duren, het verbod op abortus en op ongehuwd samenwonen. De tekens van collectieve veranderingen zijn binnen een afzonderlijk leven niet waarneembaar, behalve misschien in de weerzin en vermoeidheid waarmee duizenden individuen tegelijk soms heimelijk denken: 'maar verandert er dan nooit iets?'

Op de groepsfoto in zwart-wit die in een kartonnen omslag van gegaufreerd papier is gestoken, staan zesentwintig meisjes in drie rijen boven elkaar, op een binnenplaats, onder het gebladerte van een kastanjeboom. De vensters met kleine ruitjes in de gevel achter hen kunnen evengoed die van een klooster, een school of een ziekenhuis zijn. Stuk voor stuk dragen ze een licht werkschort, waardoor ze wel iets weg hebben van een groep verpleegsters.

Onder de foto, met de hand geschreven: *Lycée Jeanne d'Arc – Rouen – Classe de philosophie 1958-1959*. De namen van de leerlingen staan er niet bij, alsof het, toen het klassenhoofd de foto uitdeelde, vanzelf sprak dat je ze allemaal zou onthouden. Het was waarschijnlijk onmogelijk je voor te stellen dat je veertig jaar later als oudere vrouw naar die toen vertrouwde gezichten zou kijken en op die klassenfoto niets anders meer zou zien dan een drievoudige rij schimmen met blinkende, starre ogen.

De meisjes op de voorste rij zitten op buisstoelen, met hun

handen op hun knieën gevouwen, hun benen recht en tegen elkaar aan of onder de stoel, één meisje heeft ze over elkaar geslagen. De meisjes op de tweede rij – rechtop – en op de derde rij – die op een bank staan – zijn zichtbaar tot de heupen. Uit het feit dat maar zes meisjes hun handen in hun zakken hebben gestoken, wat destijds een teken van slechte opvoeding was, blijkt dat het lyceum overwegend door kinderen uit de burgerij wordt bezocht. Allemaal, op vier na, kijken ze met een lichte glimlach in de lens. Wat ze zien – de fotograaf, een muur? andere leerlingen? – valt niet te achterhalen.

Zij is de derde van links, op de tweede rij. Het tienermeisje met de provocerende houding op de vorige foto van amper twee jaar eerder laat zich nauwelijks nog herkennen in dit meisje, dat opnieuw een bril draagt, het haar naar achteren getrokken in een knotje, waaruit een lok ontsnapt in haar hals. De ernstige uitstraling wordt door een kroezende pony niet verzacht. Je ziet aan haar gezicht niets af van de overweldiging van heel haar wezen door de jongen die haar die zomer half heeft ontmaagd, getuige het met bloed bevlekte slipje dat ze stiekem tussen boeken in een kast bewaart. En evenmin iets van haar latere handel en wandel: over straat lopen na de lessen in de hoop hem terug te zien, teruggaan naar het meisjestehuis en huilen – urenlang over een opstel zitten piekeren zonder het onderwerp te begrijpen –, onophoudelijk *Only You* opzetten als ze op zaterdag teruggaat naar haar ouders – zich volvreten met brood, koekjes en chocola.

Je ziet ook niets aan haar af van de zwaarte van wat leeft, alles waaraan ze zich moet ontrukken om zich de taal van de filosofie eigen te maken. Om horig te zijn aan essentie en categorische imperatief en het lichaam te onderwerpen, om de eetlust en de obsessie met niet meer stromend menstrueel bloed te verdringen. Om na te denken over de werkelijkheid, zodat die niet langer werkelijk is, maar iets abstracts en ontastbaars, iets verstandelijks wordt. Over een paar weken zal ze stoppen met eten, Néo-Antigrès afslankpillen kopen, zichzelf tot zuiver bewustzijn herleiden. Wanneer ze na de lessen de Boulevard de la Marne op loopt, waar de kraampjes van de kermis staan, wordt ze door de schreeuwerige muziek achtervolgd als door het ongeluk.

Niet alle zesentwintig leerlingen op de foto praten met elkaar. Elk van hen richt zich slechts tot een tiental anderen, negeert de rest en wordt door de rest genegeerd. Alle meisjes weten instinctief wat ze moeten doen als ze elkaar voor het lyceum tegenkomen, op elkaar wachten of niet, gewoon glimlachen, elkaar niet zien. Toch zijn na de vele uren metafysica en gym alle stemmen die ja antwoorden op het appel, alle fysieke en vestimentaire bijzonderheden van alle scholieren in ieders bewustzijn geprent, zodat elk meisje in zichzelf een sample heeft van de persoonlijkheid van de vijfentwintig anderen. Alles bij elkaar zijn het zesentwintig gezichtspunten beladen met oordelen en gevoelens die in de klas voortdurend door elkaar lopen. Evenmin als de andere meisjes zou zij kunnen zeggen hoe ze wordt gezien, het allerliefst zou ze helemaal niet gezien worden, ze hoort eerder bij de meisjes die niet opvallen, de goede leerlingen zonder glans en zonder gevatheid. Ze heeft geen zin om te zeggen dat haar ouders een kruidenierswinkel annex café hebben. Ze schaamt zich ervoor dat ze obsessief met eten bezig is, dat ze geen maandstonden meer heeft, dat ze niet weet wat een jaar *hypokhâgne* is, dat ze een jasje van suèdine draagt en niet van echt suède. Ze voelt zich erg alleen. Ze leest *Dusty Answer* van Rosamond Lehmann en alles wat ze te pakken kan krijgen uit de reeks 'Poètes d'aujourd'hui', Supervielle, Milosz, Apollinaire, *Weet ik mijn lieve lief of jij nog van me houdt.*

Misschien is de al dan niet bestaande mogelijkheid om te bepalen hoe je op elke leeftijd, in elk jaar van je bestaan naar het verleden kijkt, wel een van de grote vragen waarmee de zelfkennis van mensen kan worden bevorderd. Zo ja, wat voor herinneringen kunnen we dat meisje uit de tweede rij dan toedichten? Mogelijk heeft ze geen andere herinneringen meer dan die aan de vorige zomer, een herinnering die haast zonder beelden is, de lijfelijke aansluiting bij een ontbrekend lichaam, een mannenlichaam. Wat de toekomst betreft, staan haar gelijktijdig twee doelen voor ogen: 1) slank en blond worden, 2) vrij, autonoom en nuttig voor de wereld zijn. In haar dromen is ze Mylène Demongeot en Simone de Beauvoir.

Weliswaar werden er nog steeds dienstplichtige soldaten naar Algerije gestuurd, maar het was een tijd van hoop en dadendrang, van grote plannen te land, ter zee en in de lucht, van grote woorden en van grote mannen die stierven, Gérard Philipe en Camus. Het cruiseschip France, de vliegtuigen Caravelle en Concorde werden gebouwd, de leerplicht verlengd tot zestien jaar, er kwamen cultuurhuizen, een gemeenschappelijke markt en, vroeg of laat, vrede in Algerije. Je kreeg de *nouveau franc*, scoubidou-frutsels, yoghurt met een smaakje, melkpakken en de transistorradio. Voor het eerst kon je om het even waar muziek horen, op het strand naast je hoofd, op straat bij het lopen. Van de transistorradio werd je blij op een manier die eerder niet bestond, blij namelijk dat je alleen was zonder het te zijn, dat je naar believen kon beschikken over het gedruis en de verscheidenheid van de wereld.

En de jongeren kwamen op, in steeds groteren getale. Er was gebrek aan schoolmeesters, je hoefde maar achttien te zijn en je eindexamen te hebben gehaald om naar een eerste klas lagere school te worden gezonden waar je kleuters moest leren lezen met *Rémi et Colette*. Aan vermaak ontbrak het ons niet, we hadden de hoelahoep, op de radio *Salut les copains* en op tv *Âge tendre et tête de bois*, maar we mochten niets, niet stemmen en niet vrijen en niet eens onze mening geven. Om recht van spreken te hebben moest je eerst hebben bewezen dat je je had aangepast aan het heersende maatschappijmodel, dat je een 'fatsoenlijke baan' had in het onderwijs, bij de PTT of bij de SNCF, bij Michelin, bij Gillette, in het verzekeringswezen – dat je 'je brood kon verdienen'. De toekomst was niets anders dan een geheel aan ervaringen dat je moest afwerken, vierentwintig maanden militaire dienst, een baan vinden, trouwen, kinderen krijgen. Van ons werd verwacht dat we die hele overdracht als vanzelfsprekend aanvaardden. Met zo'n toekomstig lot in het vooruitzicht had je vagelijk zin om lang jong te blijven. Maatschappelijke gemeenplaatsen en instituties liepen achter bij wat we verlangden, maar we vonden het normaal en onvermijdelijk dat er een kloof bestond tussen wat zegbaar was in de maatschappij en ons eigen onzegbare, het was niet eens iets wat we konden denken, alleen iets wat ieder voor zich diep vanbinnen kon voelen als we keken naar *À bout de souffle*.

De mensen hadden hun buik vol van Algerije, van de bommen die de OAS in Parijs op vensterbanken achterliet, van de aanslag op De Gaullle in Petit-Clamart – ze waren het beu om wakker te worden met het nieuws van een putsch van onbekende generaals die de mars naar vrede en naar 'zelfbeschikking' in de war stuurden. Ze waren gewend geraakt aan het idee van een onafhankelijk Algerije en aan de legitimiteit van het FLN, kenden zelfs de namen van FLN-voormannen, Ben Bella en Ferhat Abbas. Hun verlangen naar geluk en rust viel samen met het aanvaarden van een rechtvaardigheidsbeginsel, met een dekolonisering die tot voor kort ondenkbaar was. Toch gaven ze nog steeds blijk van evenveel angst, of op zijn best van onverschilligheid, tegenover de 'Arabieren'. Ze vermeden ze en negeerden ze, want het was ze nooit gelukt zich te verenigen met het idee dat ze in hun eigen straten in aanraking zouden komen met individuen van wie de broers aan de andere kant van de Middellandse Zee Fransen vermoordden. En de gastarbeider die op Fransen stuitte, wist – sneller en nadrukkelijker dan zij – dat hij het gezicht van de vijand had. Het leek tot de orde der dingen te behoren dat Algerijnen leefden in sloppenwijken, zich afbeulden aan de lopende band of onder in een put, dat hun oktoberbetoging verboden en vervolgens bloedig neergeslagen werd en misschien zelfs, als het bekend was geworden, dat de politie een stuk of honderd van hen in de Seine had gesmeten. (Later, toen we vernamen wat er op 17 oktober '61 was gebeurd, waren we niet in staat te zeggen wat we ten tijde van de feiten precies hadden *geweten*, het enige wat we ons echt herinnerden, was dat het zacht weer was geweest en dat het nieuwe academische jaar haast begon. Met het onbehaaglijke gevoel dat we niets hadden *geweten* – al hadden de staat en de pers er alles aan gedaan om ons onkundig te houden –, alsof dat zwijgen uit onwetendheid nooit meer kon worden goedgemaakt. En hoe we het ook probeerden, er zou geen overeenkomst kunnen worden aangewezen tussen de moorddadige charges van de gaullistische politie tegen Algerijnse demonstranten in oktober en die van februari in het jaar daarop tegen de anti-OAS-activisten. De negen tegen de hekken geplette doden in metrostation Charonne en de ongetelde doden in de Seine waren niet van dezelfde orde.)

Niemand vroeg zich af of de Verdragen van Évian, die een einde maakten aan de Algerijnse Onafhankelijkheidsoorlog, een overwinning of een nederlaag waren, men was opgelucht en wilde alles snel vergeten. Met wat daarna kwam, hield men zich niet bezig, de pieds noirs en de *harki's* daarginds, de Algerijnen hier. Men hoopte volgend jaar op zomervakantie te kunnen naar Spanje, dat volgens degenen die er waren geweest zo ontzettend goedkoop was.

Mensen waren gewend geraakt aan de gewelddadige tweedeling in de wereld: Oost / West, Chroesjtsjov de moezjiek / Kennedy de jeune premier, Peppone / Don Camillo, Union des Étudiants Communistes / Jeunesse Étudiante Chrétienne, L'Huma / L'Aurore, Tito / Franco, rooien / zwartrokken. Buiten woedde de Koude Oorlog, binnen voelden ze zich op hun gemak. Afgezien van vakbondstoespraken met hun gecodificeerde geweld beklaagden ze zich niet, ze hadden zich erbij neergelegd dat de staat hen in een houdgreep had, dat ze elke avond op de radio luisterden naar de moralistische praatjes van Jean Nocher en dat stakingen nergens toe leidden. Toen ze ja hadden gestemd bij het oktoberreferendum, was dat niet zozeer vanuit de wens om bij algemeen stemrecht de president van de Republiek te kunnen verkiezen, als wel vanuit het heimelijke verlangen om generaal De Gaulle te behouden als president voor het leven, of beter nog als president voor de eeuwigheid.

Intussen werkten wij voor onze licentiaatsexamens en luisterden we naar de transistor. We gingen kijken naar *Cléo de cinq à sept*, *L'Année dernière à Marienbad*, Bergman, Buñuel en Italiaanse films. We hielden van Léo Ferré, Barbara, Jean Ferrat, Leny Escudero en Claude Nougaro. We lazen *Hara-Kiri*. We hadden niks gemeen met de *yéyé's* die zeiden *Hitler nooit van gehoord*, en met hun tieneridolen die jonger waren dan wij, meisjes met staartjes die liedjes zongen voor op de speelplaats, een jongeman die brullend lag te kronkelen op het podium. We hadden het gevoel dat ze ons nooit zouden inhalen, vergeleken met hen waren wij oud. Misschien zouden ook wij doodgaan onder De Gaulle.

Maar volwassen waren we niet. Ons seksleven bleef clandestien en rudimentair, draaide rond de angst voor een 'on-gelukje'. Niemand werd geacht vóór het huwelijk seks te heb-ben. De jongens meenden hun erotische expertise tentoon te spreiden met schunnige toespelingen, maar konden uitslui-tend hun zaad lozen op de plek van het lichaam van meis-jes waar die laatsten hen uit behoedzaamheid lieten begaan. Maagdelijkheden waren ongewis, seksualiteit bleef een on-opgeloste kwestie en een onuitputtelijk gespreksonderwerp voor meisjes op de kamers van de campus waar jongens on-der geen beding mochten komen. Ze zochten hun informatie bijeen in boeken, lazen de Kinsey-rapporten om zich ervan te overtuigen dat lust legitiem was. De schaamte van hun moeders tegenover seks behielden ze. Er waren altijd woor-den voor mannen en woorden voor vrouwen, ze zeiden niet 'klaarkomen' of 'pik' of iets van dien aard, noemden de ge-slachtsdelen zo min mogelijk en dan alleen met een speciale, toonloze stem, 'vagina', 'penis'. De stoutmoedigste meisjes durfden een discreet bezoek te brengen aan een raadsvrouw van de Gezinsplanning, een clandestiene instelling, en lieten zich een rubberen pessarium voorschrijven dat ze maar met moeite konden inbrengen.

Ze hadden er geen erg in dat de jongens die naast hen in de collegezaal zaten door hun lichaam werden afgeschrikt. Dat hun eenlettergrepige antwoord op volstrekt onschuldige vragen niet werd ingegeven door minachting, maar door de angst om verstrikt te raken in de heimelijke complicaties van hun buik – alles welbeschouwd trokken ze zich dan nog liever 's avonds af.

Was je niet bijtijds bang geweest in het pijnboombosje of op het zand van de Costa Brava, dan kwam de tijd tot staan voor het kruis van een onderbroekje dat dagen achtereen wit bleef. 'Het' moest op de een of andere manier worden 'weg-gemaakt' – rijke meisjes gingen naar Zwitserland, andere naar de keuken van een onbekende vrouw zonder specialisatie die een sonde tevoorschijn haalde uit een pan kokend water. Simone de Beauvoir te hebben gelezen was nergens goed voor, behalve als bevestiging dat het ellendig was om een baarmoeder te hebben. Meisjes bleven dus alsof ze ziek waren hun temperatuur opnemen, hun risicoperioden berekenen, drie op de vier weken. Ze leefden in twee verschillende tijden – de tijd van iedereen, van spreekbeurten die je moest houden, van de vakantie, en de grillige, verraderlijke, noodlottige tijd die op elk moment kon stilstaan, de tijd van hun bloed.

In de collegezalen verklaarden docenten met een stropdas om het werk van schrijvers uit hun biografie, zeiden uit eerbied voor hun levende persoon 'Monsieur' André Malraux, 'Madame' Yourcenar, en gaven alleen dode auteurs te lezen. Je durfde Freud niet te citeren uit angst je daarmee hoon op de hals te halen en een slecht cijfer te krijgen, zelfs Bachelard en *Études sur le temps humain* van Georges Poulet leken al haast te gewaagd. Je meende van veel onafhankelijkheid van geest te getuigen als je aan het begin van een spreekbeurt verklaarde dat 'etiketten moesten worden afgewezen' en dat Flauberts *Leerschool der liefde* de 'eerste moderne roman' was. Vrienden gaven elkaar boeken cadeau waarin ze een opdracht schreven. Het was de tijd van Kafka, Dostojevski, Virginia Woolf, Lawrence Durrell. Je ontdekte de 'nouveau roman', Butor, Robbe-Grillet, Sollers en Sarraute, je was er graag voor warmgelopen, maar vond er niet genoeg houvast voor het leven in.

Liever las je teksten met woorden en zinnen die het bestaan samenvatten, het onze en dat van gewone mensen, werksters op de campus of bezorgers, en die ons tegelijk van hen onderscheidden omdat wij ons, anders dan zij, 'vragen stelden'. We hadden woorden nodig aan de hand waarvan we de wereld en onszelf konden verklaren, woorden waaruit we een moraal konden distilleren: 'vervreemding' en de satellieten ervan, 'kwade trouw' en 'slecht geweten', 'immanentie' en 'transcendentie'. Alles werd beoordeeld naar het criterium van de 'authenticiteit'. Als we niet bang waren geweest om onze ouders te ontstemmen, die evenveel schande spraken van gescheiden echtelieden als van communisten, zouden we ons hebben aangesloten bij de Partij. In een rokerig, overvol café verloor de omgeving in één klap alle betekenis, je voelde je vreemd op de wereld, zonder verleden of toekomst, 'een nutteloze passie' zoals Sartre zei.

Wanneer in maart de dagen lengden en je het te warm had in je winterkleren – niet alleen de zomer komt eraan, ook het leven als zodanig, zonder vorm of ontwerp – hield je jezelf op weg naar de colleges steeds weer voor: *the time is out of joint, life is a tale told by an idiot, full of sound and fury, signifying nothing*. Onder vrienden bediscussieerde je hoe je het liefst zelfmoord zou plegen, met slaappillen, in een slaapzak, in de Sierra de Guadalajara.

Tijdens zondagse lunches halverwege de jaren zestig, wanneer de aanwezigheid van de student – die in het weekend met wasgoed naar huis kwam – door de ouders te baat werd genomen om familieleden en vrienden uit te nodigen, werd er aan tafel gediscussieerd over de komst van een supermarkt en de bouw van een gemeentelijk zwembad, over R4's en Ami 6's. Zij die een televisie hadden gekocht, becommentarieerden het uiterlijk van ministers en televisieomroepsters, hadden het over de prominente personen die ze op het scherm zagen alsof het buren waren. Wie de beelden van het braden van de geflambeerde pepersteak met Raymond Oliver, een medische uitzending van Igor Barrère of *36 Chandelles* had gezien, leek meer dan anderen recht van spreken te hebben. Geconfronteerd met de starre, ongeïnteresseerde houding van degenen die geen tv hadden, Zitrone of Anne-Marie Peysson niet kenden en ook Jean-Christophe Averty's door de gehaktmolen gehaalde babypoppen hadden gemist, keerden ze terug naar dichterbij gelegen gespreksonderwerpen waarvoor algemene belangstelling bestond, de beste manier om konijn te bereiden, de voorrechten van ambtenaren, de slagerij waar je goed werd geholpen. Ze repten van het jaar 2000, berekenden hun kansen om dan nog te leven, hoe oud ze zouden zijn. Voor de grap fantaseerden ze over het leven aan het eind van de eeuw, maaltijden die vervangen waren door een pil, robots die al het werk zouden doen, huizen op de maan. Ze hielden er algauw over op, het kon niemand schelen hoe het leven er over veertig jaar uit zou zien, gewoon in leven zijn was genoeg.

Met het gevoel dat we een noodzakelijk offer brachten – aan de gasten, die zich dwepend uitlieten over onze studie, en aan onze ouders, voor het zakgeld en de gewassen en gestreken kleding die we mee terug zouden nemen – mengden we ons welwillend en onbeholpen in het gesprek, uren die we ook hadden kunnen besteden aan het lezen van *De golven* van Virginia Woolf of *La Psychologie sociale* van Jean Stoetzel. We konden niet nalaten op te merken hoe borden werden schoongeveegd met een stuk brood, hoe koffiekopjes werden geschud om de suiker op te lossen, hoe er op eerbiedige toon 'een hooggeplaatst iemand' werd gezegd, en plotseling zagen we ons gezinsmilieu van buitenaf, als een gesloten wereld die niet meer de onze was. De ideeën waar wij vol van waren, hadden niets te maken met ziekte, met groente die bij wassende maan moest worden geplant, met ontslagen in de fabriek, met alles waarover hier aan tafel werd gepraat. Daarom hadden we het ook liever niet over onszelf of over onze colleges, waren we extra oplettend om niemand tegen te spreken, alsof hun wereld zou instorten als we bekenden dat we niet zeker wisten of we later wel een goede baan in het onderwijs zouden vinden, alsof ze daardoor beledigd zouden zijn en zouden twijfelen aan onze capaciteiten.

De gemoederen van de tafelgenoten raakten niet langer verhit door herinneringen aan de bezetting en de bombardementen. Het heropleven van die emoties van vroeger was verdwenen. Als iemand aan het eind van de maaltijd 'Nog eentje die de moffen niet zullen krijgen' zei, was dat gewoon een citaat.

Ook voor ons leken de grote naoorlogse zondagen, met hun bevrijdingsliedjes als *Fleur de Paris* en *Ah! Le petit vin blanc*, tot een vervlogen tijd te behoren, onze kindertijd, waarover we niets wilden horen, en als een oom die tijd probeerde op te rakelen, 'weet je nog toen ik je leerde fietsen?', dan vonden we hem oud. In het geroezemoes van stemmen, woorden en uitdrukkingen die we al zolang we op de wereld waren hadden gehoord maar die bij ons niet meer spontaan opwelden, voelden we ons zweven in wazige beelden van andere zondagen en werden we opnieuw ondergedompeld in die tijd, in de verhalen die we hoorden als we bij het dessert weer aan tafel kwamen, buiten adem omdat we te lang hadden gespeeld, waarna we naar deuntjes luisterden die tegenwoordig niemand nog meende te moeten aanheffen.

Op die zwart-witfoto liggen op de voorgrond, plat op hun buik, drie meisjes en een jongen, alleen hun bovenlichaam is zichtbaar, de rest verdwijnt buiten beeld. Achter hen, twee jongens, de een voorovergebogen, zich aftekenend tegen de lucht, de ander die knielt en een van de meisjes met zijn gestrekte arm lijkt te kietelen. Op de achtergrond een dal dat gehuld lijkt in een soort nevel. Achter op de foto: *Campus Mont-Saint-Aignan. Juni 63. Brigitte, Alain, Annie, Gérald, Annie, Ferrid.*

Zij is het meisje in het midden, met haar haar in banen langs haar hoofd naar achteren getrokken in navolging van George Sand, en met brede, blote schouders, de 'vrouwelijkste'. Haar geballe vuisten komen vreemd tevoorschijn vanonder haar neerliggende boezem. Geen bril. De foto is genomen in de periode tussen de examens en de bekendmaking van de cijfers. Het is een tijd van doorwaakte nachten, van discussies in bars en kamers in de stad, gevolgd door halfnaakt geflikflooi tot op de drempel van de onvoorzichtigheid met Gainsbourgs *Javanaise* op de achtergrond. Van slapen tot 's middags en opstaan met het schuldgevoel dat ze zich buiten de wereld heeft geplaatst, zoals die keer dat de Tour de France en Jacques Anquetil allang waren langsgekomen toen ze wakker werd. Ze doet mee met het feest en ze verveelt zich. De twee meisjes die op de foto aan weerszijden van haar liggen, behoren tot de middenklasse. Ze voelt zich niet een van hen, maar sterker en meer op zichzelf. Als ze die meisjes te veel ziet, te vaak meegaat naar fuiven, bekruipt haar het gevoel dat ze zich verlaagt. Ze denkt ook niet dat ze nu nog iets gemeen heeft met de arbeiderswereld uit haar kindertijd, met het nerinkje van haar ouders. Ze is overgegaan naar de andere kant, maar zou niet kunnen zeggen welke kant precies, als ze terugblikt bestaat haar leven uit losse, onsamenhangende beelden. Ze heeft het gevoel dat ze nergens is, behalve in het leren en het lezen.

Op dit moment zou wat dat meisje aan abstracte kennis heeft opgedaan of wat ze heeft gelezen, niet kunnen worden geïnventariseerd, want het licentiaat moderne letterkunde dat ze aan het voltooien is, vormt maar een middelmatige indicator van het bereikte niveau. Ze heeft zich gelaafd aan existentialisme, surrealisme, heeft Dostojevski, Kafka, alles van Flaubert gelezen, is ook verzot op wat nieuw is, Le Clézio en de nouveau roman, alsof alleen recente boeken een echt accurate blik op de wereld van hier en nu zouden kunnen verschaffen.

Meer nog dan als middel om aan de armoede te ontsnappen, beschouwt ze studeren als een bevoorrecht instrument om niet verstrikt te raken in het soort vrouwelijkheid dat ze meelijwekkend vindt, in de verleiding die ze heeft gekend om zich te verliezen in een man (vgl. de middelbare-schoolfoto, vijf jaar eerder) en waarvoor ze zich schaamt. Helemaal geen zin om te trouwen en kinderen te krijgen, moederen lijkt haar niet verenigbaar met het geestesleven. Ze is er zeker van dat ze sowieso een slechte moeder zou zijn. Haar ideaal is de *union libre* uit het gelijknamige gedicht van André Breton.

Op sommige momenten maakt de veelheid van wat ze heeft geleerd haar mismoedig. Haar lichaam is jong en haar denken is oud. In haar dagboek schrijft ze dat ze het gevoel heeft 'oververzadigd te zijn met kant-en-klare ideeën, met theorieën', dat ze 'op zoek is naar een andere taal', ernaar verlangt 'terug te keren naar een oorspronkelijke zuiverheid', ervan droomt te schrijven in een onbekend idioom. Woorden zijn voor haar 'borduurseltjes rond een deken van nacht'. Andere zinnen spreken die vermoeidheid tegen: 'Ik ben een wil en een verlangen.' Wat ze wil en verlangt zegt ze niet.

De toekomst ziet ze als een grote rode trap, de trap op een schilderij van Soutine, waarvan ze een reproductie uit het tijdschrift *Lectures pour tous* heeft geknipt en opgehangen aan de muur van haar kamer op de campus.

Af en toe staat ze stil bij beelden uit haar kindertijd, de eerste schooldag, kermis tussen de puinhopen, de vakanties in Sotteville-sur-Mer enzovoorts. Ze stelt zich ook voor dat ze over twintig jaar terugdenkt aan de discussies die ze nu allemaal voeren, over het communisme, zelfmoord en voorbehoedmiddelen. De vrouw van over twintig jaar is een idee, een spookbeeld. Zo oud zal ze nooit worden.

Als je haar op de foto ziet, met haar uitstraling van stevige stoot, zou je niet denken dat het haar grootste angst is om gek te worden, in haar ogen zou enkel schrijven – of misschien een man – haar daarvoor kunnen behoeden, voorlopig tenminste. Ze is begonnen aan een roman waarin beelden uit verleden en heden, nachtelijke dromen en toekomstfantasieën elkaar afwisselen in het bewustzijn van een 'ik' die een dubbelgangster van haarzelf is.

Ze is ervan overtuigd dat ze geen 'persoonlijkheid' heeft.

Niet het minste verband tussen haar leven en de Geschiedenis, waarvan de sporen toch al vastgelegd zijn door het gevoel van kou en het grijze weer van een maartmaand – de mijnwerkersstaking –, door een klam pinksterweekend – de dood van Johannes XXIII –, door het zinnetje van een vriend, 'over twee dagen breekt de wereldoorlog uit' – de Cubacrisis –, door het samenvallen van een nachtelijk feest van de Union Nationale des Étudiants de France en de putschpoging van de generaals in Algiers, Salan, Challe enzovoorts. De tijd van de politieke gebeurtenissen is niet de hare, die van het gemengde nieuws evenmin – ze veracht 'man-bijt-hond'-achtige berichten –, haar tijd bestaat alleen uit beelden van zichzelf. Over een paar maanden zal de moord op Kennedy in Dallas haar onverschilliger laten dan de dood van Marilyn Monroe een zomer eerder, omdat ze dan al acht weken geleden voor het laatst ongesteld is geweest.

Door het steeds snellere opkomen van nieuwe dingen verloor het verleden terrein. De mensen stelden zich geen vragen over het nut van die dingen, ze hadden domweg zin om ze te hebben en leden eronder als ze niet genoeg geld verdienden om ze meteen aan te schaffen. Ze raakten eraan gewend cheques uit te schrijven, ontdekten de 'termijnbetaling' en de 'aankoop op krediet'. Ze voelden zich op hun gemak met wat nieuw was, waren er trots op dat ze een stofzuiger en een elektrische haardroger gebruikten. Nieuwsgierigheid won het van argwaan. Ze ontdekten het rauwe en het geflambeerde, de steak tartaar, de pepersteak, kruiden en ketchup, gepaneerde vis en aardappelpuree in vlokken, diepvriesdoperwten, palmhart, aftershave, Obao-badolie en Canigou-hondenvoer. De Coop- en Familistèrefilialen werden gaandeweg vervangen door supermarkten, waar de klanten de boodschappen tot hun verrukking mochten aanraken voordat ze waren betaald. Ze voelden zich vrij, ze vroegen niemand wat. Avond aan avond werden consumenten in de Galeries Barbès onthaald op een gratis koud buffet. Jonge stellen uit de middenklasse kochten status met een Hellem-koffiezetapparaat, Eau Sauvage van Dior, een FM-radio met stereo-ontvangst, een hifi-installatie, luxaflex en juteweefsels op de muren, een teakhouten bankstel, een Dunlopillo-matras, een secretaire of een scriban, meubels waarvan ze de naam alleen in romans hadden gelezen. Ze bezochten regelmatig antiquairs, schotelden hun gasten gerookte zalm, met garnalen gevulde avocado's, vleesfondue voor, lazen *Playboy* en *Lui*, *Barbarella*, *Le Nouvel Observateur*, Teilhard de Chardin, het tijdschrift *Planète*, mijmerden boven advertenties voor appartementen 'van standing' met een aparte garderobe, in 'residenties' – de naam alleen al was luxueus –, namen voor het eerst het vliegtuig, verborgen hun angst en waren aangedaan wanneer ze onder zich groene en goudgele vierkantjes zagen, ergerden zich omdat ze de al een jaar eerder aangevraagde telefoon nog altijd niet hadden. Anderen zagen niet in waarom je per se zo'n ding moest hebben en gingen nog steeds naar het postkantoor, waar de lokettist hun nummer draaide en ze doorstuurde naar de cabine.

De mensen verveelden zich niet, ze wilden het ervan nemen.

In een populair boekje, *Réflexions pour 1985*, werd een stralende toekomst beloofd, het zware en vuile werk zou worden verricht door robots, cultuur en kennis zouden voor iedereen toegankelijk zijn. Met de eerste harttransplantatie, ver weg in Zuid-Afrika, leek vagelijk een stap te zijn gezet naar de uitroeiing van de dood.

De overvloed van dingen onttrok het gebrek aan ideeën en de sleetsheid van geloofsovertuigingen aan het zicht.

Jonge leerkrachten maakten gebruik van dezelfde Lagarde & Michard die ze kenden uit hun eigen middelbareschooljaren, gaven goedkeuringstekens en lieten driemaandelijkse opstellen schrijven, sloten zich aan bij vakbonden die in elke nieuwsbrief verkondigden: 'De staatsmacht wijkt!'. Jacques Rivettes film *La Religieuse* werd verboden, erotische boeken konden via postorderverkoop worden aangeschaft bij uitgeverij Le Terrain Vague. Sartre en De Beauvoir vertikten het op televisie te verschijnen (maar dat kon niemand wat schelen). Mensen leefden voort met achterhaalde waarden, drukten zich uit in ouwelijke taal. Als we later terugdachten aan de goedig brommende stem van de beer Nounours in *Bonne nuit les petits*, hadden we het gevoel dat De Gaulle zelf ons elke avond kwam instoppen.

Verplaatsingsgolven spoelden in alle richtingen over het land, boeren daalden van de bergen af naar de dalen, uit de stadscentra verdreven studenten trokken naar de campussen op de heuvels, baggerden in Nanterre door dezelfde modder als de migranten uit de sloppenwijken. Pied noirs die terugkeerden uit Algerije en arbeidersgezinnen die wegtrokken uit hun lage huisjes met buiten-wc kwamen samen terecht in huurkazernes, ingedeeld in sectoren aangegeven met een *F* gevolgd door een cijfer. Maar de mensen zochten niet naar samenzijn, ze waren alleen uit op centrale verwarming, witte muren en een badkamer.

Het meest verbodene, de anticonceptiepil, werd wettelijk toegestaan, iets wat je nooit voor mogelijk had gehouden. Je durfde er de dokter niet om te vragen en de dokter bood hem niet aan, vooral niet als je niet getrouwd was. Dat was zedeloos geweest. Je voelde wel dat de pil het leven helemaal op z'n kop zou zetten, je zou zo vrij over je lichaam kunnen beschikken dat het beangstigend was. Even vrij als een man.

Jongeren verhieven overal ter wereld met veel misbaar hun stem. Ze vonden in de Vietnamoorlog redenen om in opstand te komen en in Mao's Honderd Bloemen redenen om te dromen. Er was pure vreugde die ontwaakte, dat hoorde je terug bij de Beatles. Je hoefde maar naar ze te luisteren en je had zin om gelukkig te zijn. Met zangers als Antoine, Nino Ferrer en Dutronc won de geschifte humor veld. Volwassenen die een geregeld leven leidden, deden alsof ze niets zagen, luisterden naar het radiospel Le Tirlipot op RTL, naar Maurice Biraud op Europe 1, naar *La Minute du bon sens* van Saint-Granier, ze vergeleken de schoonheid van televisie-omroepsters, vroegen zich af wie de nieuwe Piaf zou zijn, Mireille Mathieu of Georgette Lemaire. Ze hadden net Algerije achter de rug, vonden al die oorlogen welletjes, zagen met onbehagen hoe de Israëlische tanks over Nassers soldaten walsten, van hun stuk gebracht nu een kwestie die ze bijgelegd waanden, weer oplaaide en de slachtoffers zich als overwinnaars ontpopten.

Omdat de zomers op elkaar begonnen te lijken en het steeds vervelender werd om alleen voor jezelf te moeten zorgen, omdat het gebod van 'zelfverwezenlijking' in de lucht bleef hangen naarmate je langer alleen was en in dezelfde cafés dezelfde gesprekken voerde, omdat het gevoel dat je jong was overging in het gevoel dat er een treurige tijd van onbepaalde duur voor je lag, en omdat je constateerde dat echtparen meer maatschappelijk aanzien hadden dan alleenstaanden, werd je vastberadener verliefd dan anders – en dankzij een klein moment van onachtzaamheid voor de Ogino-Knauskalender was je in een mum van tijd getrouwd en aanstaand ouder. Door de ontmoeting van een eicel en een spermatozoön werd de geschiedenis van individuen versneld. Ze maakten hun studie af en werkten gelijktijdig als surveillant, parttime-enquêteur of huiswerkbegeleider. Op 'ontwikkelingswerk' gaan in Algerije of zwart Afrika leek een verleidelijk avontuur, een manier om zich een laatste respijt te gunnen voor de definitieve installatie.

Met een vaste baan konden jonge stellen een bankrekening nemen, een consumptief krediet voor de aanschaf van een koelkast met vriesvak, een gemengd fornuis enzovoorts, al ontdekten ze bij de gratie van het huwelijk met verbazing dat ze arm waren, gezien alles wat ze misten en waarvan ze voorheen niet beseften hoe duur en ook niet hoe onontbeerlijk het was, wat nu vanzelf sprak. Van de ene dag op de andere waren ze volwassen geworden, mensen aan wie hun ouders eindelijk zonder te worden afgescheept hun kennis van de praktische dingen des levens konden doorgeven, hoe je zuinig kon zijn, hoe je oppas regelde, hoe het parket moest worden geboend. Het was een bron van trots, al deed het vreemd aan, om te worden aangesproken als 'mevrouw' gevolgd door een andere naam dan de jouwe. Instaan voor het levensonderhoud, twee maaltijden per dag op tafel krijgen werd een niet-aflatende beslommering. Je begon naarstig plekken te bezoeken waar je voordien nooit kwam, de Casino-supermarkt, de voedselafdelingen van Prisunic en van de Nouvelles Galeries. Aarzelende pogingen om zorgeloos te zijn, om net zo te leven als vroeger, een avondje stappen met vrienden, een film, hielden na de komst van de baby geen stand. Terwijl we in het donker zaten te kijken naar *Le Bonheur* van Agnès Varda, konden we het kleine ding dat alleen in zijn wieg lag niet uit onze gedachten zetten en thuisgekomen stortten we ons op hem, opgelucht dat we hem zagen ademhalen en dat hij rustig lag te slapen met z'n gebalde vuistjes. Dus kochten we een tv – die het laatste zetje aan het proces van sociale integratie gaf. Op zondagmiddag keken we naar de serie *Les Chevaliers du ciel* en naar de sitcom *Bewitched*. De ruimte werd kleiner, de tijd kreeg regelmaat, het kinderdagverblijf, het baden van de baby en de kleuterserie *Le Manège enchanté*, de boodschappen op zaterdag. We ontdekten het geluk van een ordelijke levensstijl. De melancholie bij het zien vervagen van een individueel project – schilderen, muziek maken, schrijven – werd gecompenseerd door de voldoening om aan het gezinsproject bij te dragen.

Met een snelheid die ons zelf verblufte, vormden we allemaal piepkleine, waterdichte gezinscellen, we kwamen als jonge stellen en kersverse ouders bij elkaar over de vloer en beschouwden alleenstaanden, die geen benul hadden van afbetalingen, potjes met Blédina-babyvoeding en dr. Spock, als een onrijp slag mensen, we voelden ons vagelijk beledigd door hun vrijheid om te gaan en te staan waar ze wilden.

Het kwam niet bij je op om wat je in je leven meemaakte in verband te brengen met wat politici verkondigden en evenmin met wat er in de wereld gebeurde. Je gunde je alleen het genoegen om te stemmen tégen De Gaulle en voor de zwierige kandidaat van wie de naam op een onduidelijke manier terugverwees naar de tijd dat Algerije Frans was, François Mitterrand. In je persoonlijke levensloop had de Geschiedenis geen betekenis. Je was domweg de ene dag gelukkig en de andere ongelukkig.

Hoe meer je ondergedompeld raakte in wat de werkelijkheid heette, werk, gezin, hoe meer je een gevoel van onwerkelijkheid kreeg.

's Middags in de zon voerden jonge vrouwen op de bankjes van het plantsoen gesprekken over luiers en kindervoeding, onderwijl een oogje houdend op de spelletjes in de zandbak. De roddels en ontboezemingen uit de tienertijd, toen vriendinnen elkaar eindeloos naar huis bleven brengen, leken ver weg. Ze blikten met ongeloof terug op hun vroegere leven, nog maar drie jaar geleden, en het speet hun dat ze er niet meer van hadden geprofiteerd. Bezorgdheid was nu hun vaste gemoedstoestand, over het eten, over de was, over kinderziekten. Dochters die dachten dat ze nooit op hun moeder zouden lijken, traden in haar voetsporen, zij het met meer luchtigheid, een vorm van nonchalance die werd aangemoedigd door het lezen van *De tweede sekse* en door de reclameleus *Moulinex bevrijdt de vrouw!*, en al hechtten ze anders dan zij geen enkele waarde aan datgene wat ze zich desondanks verplicht voelden te doen zonder te weten waarom.

Wanneer, met de typische verontrusting en nervositeit van jonggehuwden, de schoonfamilie voor de lunch werd uitgenodigd, zodat ze konden tonen dat ze goed geïnstalleerd waren en meer smaak hadden dan de broers en zussen, lieten ze de luxaflex bewonderen, het fluweel van de sofa betasten, de kracht van de luidsprekers horen, haalden vervolgens het huwelijksservies voor de dag – maar er waren glazen tekort – en wanneer iedereen een plaatsje rond de tafel had bemachtigd en commentaar had gegeven op de juiste manier om vleesfondue te eten – je had het recept ervan in *Elle* gevonden –, werden er kleinburgerlijke gesprekjes gevoerd over werk, vakantieplannen en auto's, over de misdaadromans van San-Antonio, het lange haar van popzanger Antoine, de lelijkheid van actrice Alice Sapritch, de hits van Dutronc. Je ontkwam niet aan het gesprek over de vraag of het binnen een huwelijk lonender was dat de vrouw buitenshuis werkte of thuisbleef. Er werd de draak gestoken met De Gaulle, 'Fransen, ik heb jullie begrepen!' *'Vive le Québec libre!'* (alsof, nu Mitterrand hem tot een tweede stemronde had gedwongen, oneerbiedigheid de vrije teugel kreeg en plotseling bleek hoe seniel de man was die door *Le Canard enchaîné* alleen nog Charles de Tweede Stem werd genoemd). De intelligentie en integriteit van Mendès France werden geprezen, de toekomstige kansen van Giscard d'Estaing, Defferre, Rocard getaxeerd. De tafel gonsde vredig van de links en rechts opklinkende, honende uitlatingen over vermeende spionnen, Mauriac en zijn gesmoorde gegiechel, de stopwoordjes van Malraux (we hadden ons hem voorgesteld als de revolutionaire Tchen uit *La Condition humaine*, maar nu we hem gehuld in zijn overjas op officiële ceremonies zagen opdraven, geloofden we niet langer in de literatuur).

Het oprakelen van de oorlog versmalde in de mond van de vijftigplussers tot persoonlijke anekdotes vol blaaskakerij, die op de dertigminners overkwamen als gebazel. Wij waren van mening dat je voor dat soort dingen herdenkingstoespraken en bloemstukken had. Namen van naoorlogse politici kwamen bovendrijven, Bidault, Pinay, die geen enkel helder beeld bij ons opriepen, behalve de waarheid als een koe dat wij 'er toen al waren', en we ontdekten verbaasd, door het chagrijn dat ze nog altijd opriepen – 'die schoft van een Guy Mollet' – dat ze een belangrijke rol hadden gespeeld. Algerije, inmiddels een gebied waarnaar je als jonge onderwijzer onder gunstige financiële voorwaarden kon worden uitgezonden, was een afgedane zaak.

Anticonceptie was een te verontrustend gespreksonderwerp voor een familie-etentje. Abortus, een onuitsprekelijk woord.

De borden werden verwisseld voor het dessert, terwijl je behoorlijk pissig was omdat de vleesfondue in plaats van de verwachte complimenten niet meer dan een nieuwsgierig onthaal had gekregen, vergezeld van commentaar dat teleurstellend was geweest – in het licht van de moeite die je had gedaan om de sauzen te bereiden – en enigszins laatdunkend had geklonken. Na de koffie werd er op de afgeruimde tafel een bridge op touw gezet. Onder invloed van de whisky begon de schoonvader met loggere, luidere stem te spreken. Moest je echt nog steeds die afgezaagde opmerking aanhoren over de *Tienduizend Engelsen die verdronken in de Theems omdat ze geen troef hadden gespeeld*? Bij de verzadiging op de gezichten van de nieuwe familie, het geneurie van het kind dat wilde opstaan uit z'n middagslaap, werd je overvallen door een vluchtige indruk van tijdelijkheid. Je vond het verbazend dat je hier was, dat je had gekregen wat je had verlangd, een man, een kind, een appartement.

Op de zwart-witte interieurfoto een jonge vrouw en een jongetje in close-up, dicht bij elkaar op een bed dat met kussens als zitbank is ingericht, voor een raam met doorzichtige vitrage, aan de muur een Afrikaans voorwerp. Zij draagt een ensemble van lichte jersey, een twinset en een rok tot boven de knie. Haar haar, nog altijd in donkere, asymmetrische banen naar achteren getrokken, benadrukt het volle ovaal van het gezicht, met de jukbeenderen opgetild door een grote glimlach. Noch het kapsel, noch het ensemble is typerend voor het beeld dat later van de jaren '66 en '67 zal worden gegeven, alleen de korte rok stemt met de door Mary Quant gelanceerde mode overeen. Haar hand rust op de schouder van het jongetje, dat levendige ogen en een wakkere uitstraling heeft, met een coltrui en een pyjamabroek aan, melktandjes in zijn open mond, vastgelegd terwijl hij net iets aan het zeggen is. Op de achterkant van de foto: *Rue de Loverchy, winter '67*. Dat betekent dus dat *hij* hier de onzichtbare fotograaf is, hij, de jongensachtige, vlinderachtige student, die in minder dan vier jaar is veranderd in echtgenoot, vader en stafmedewerker in een stad in de bergen. De foto is vast en zeker op zondag genomen, de enige dag dat ze samen kunnen zijn, en terwijl het middageten geurig staat te sudderen op het fornuis, het brabbelende kind met legoblokjes speelt, de spoelbak van de wc wordt gerepareerd en op de achtergrond het *Musikalisches Opfer* van Bach speelt, construeren ze hun gezamenlijke herinneringen en bestendigen ze het gevoel dat ze, al met al, gelukkig zijn. De foto draagt aan die constructie bij, plaatst het 'gezinnetje' in een langetermijnperspectief, waarvan hij meteen het geruststellende bewijs vormt voor de grootouders van het kind, die er een afdruk van hebben gekregen.

Op dit precieze moment, in de winter van '67-'68, denkt ze waarschijnlijk nergens aan, ze geniet domweg van de besloten gezinscel die zij drieën vormen – een genot dat zou worden verstoord door een telefoontje of het rinkelen van de bel –, van de korte pauze in het zich kwijten van taken die hoofdzakelijk tot instandhouding van die gezinscel dienen, de boodschappenlijst, het sorteren van het wasgoed, wat eten we vanavond, al dat constante vooruitblikken naar de onmiddellijke toekomst dat de externe kant van haar verplichtingen, haar werk als leerkracht, verzwaart. Familiemomenten zijn momenten waarop ze *voelt*, niet waarop ze denkt.

Echte gedachten, of wat ze daarvoor aanziet, vallen haar in wanneer ze alleen is of uit wandelen gaat met het kind. Echte gedachten zijn voor haar geen bespiegelingen over hoe mensen praten of zich kleden, over de hoogte van stoepranden voor een kinderwagen, over de protesten tegen het stuk *Les Paravents* van Jean Genet of tegen de oorlog in Vietnam, maar vragen over haarzelf, zijn en hebben, het bestaan.

91

Ze hebben te maken met het ontrafelen van voorbijgaande, onmogelijk aan anderen mee te delen indrukken, met alles wat, als ze tijd had om te schrijven – maar ze heeft niet eens meer tijd om te lezen – de stof van haar boek zou vormen. In haar dagboek, dat ze maar zelden opslaat, alsof dat bedreigend voor het gezinsleven zou zijn, alsof ze geen recht op innerlijkheid meer heeft, schrijft ze: 'Ik heb helemaal geen ideeën meer. Ik probeer mijn leven niet meer uit te leggen' en 'ik ben een gearriveerde *petite bourgeoise*'. Ze heeft het gevoel dat ze van haar vroegere doelen is afgeweken, dat ze alleen op materieel vlak nog vooruitgang boekt. 'Ik ben bang om me te installeren in dit kalme, comfortabele leven, om te hebben geleefd zonder het zelf te merken.' Op het moment waarop ze dit constateert, beseft ze ook dat ze niet bereid is om alles wat nooit in haar dagboek terechtkomt op te geven, dit samenleven, deze gedeelde intimiteit, het appartement waar ze naar terugverlangt zodra haar lesuren achter de rug zijn, het samen slapen, het gonzen van het elektrische scheerapparaat 's ochtends, het sprookje van *De drie biggetjes* 's avonds, die herhaling, waaraan ze een hekel meent te hebben en waaraan ze zo gehecht is geraakt, want ze hoeft maar drie dagen van huis te zijn om haar onderwijsbevoegdheid te halen of ze voelt al dat ze het mist – alles wat haar het hart beklemt, als ze zich voorstelt dat ze het door een ongeluk zou verliezen.

In haar dagdromen ziet ze zichzelf niet meer, zoals vroeger, de komende zomer op het strand liggen of als schrijver die haar eerste boek publiceert. De toekomst laat zich in nauwkeurige materiële termen uitdrukken, een betere baan, bevorderingen en aankopen, het kind dat naar de kleuterschool gaat, het zijn geen dromen, maar vooruitzichten. Ze mijmert vaak over beelden uit de tijd dat ze alleen was, ze ziet zichzelf op straat in steden waar ze heeft gelopen, in kamers waar ze heeft gewoond – in Rouen in een meisjestehuis, in Finchley als au pair, in Rome op vakantie in een pension in de Via Servio Tullio. Ze heeft het gevoel dat haar *ikken* daar blijven voortbestaan. Verleden en toekomst hebben zich als het ware omgedraaid, het verleden en niet de toekomst is nu het object van verlangen: opnieuw in die kamer in Rome zijn, in de zomer van '63. In haar dagboek: 'Uit een extreme vorm van narcisme wil ik mijn verleden zwart op wit zien en daardoor iets zijn wat ik niet ben' en 'Wat me kwelt, is een bepaald beeld van de vrouw. Misschien moet ik het in die richting zoeken.' Op een schilderij van Dorothea Tanning dat ze drie jaar eerder heeft gezien in een tentoonstelling in Parijs, stond een vrouw afgebeeld met naakte borsten en achter haar een wijkend perspectief van halfopen deuren. Het beeld heette *Birthday*. Ze denkt dat dat schilderij haar leven voorstelt en dat zij in het schilderij is, zoals ze vroeger in *Gone with the Wind*, in *Jane Eyre*, later in *Walging* was. Bij elk boek dat ze leest, *Naar de vuurtoren* van Virginia Woolf, *Les Années-Lumière* van Serge Rezvani, vraagt ze zich af of ze haar eigen leven zo onder woorden zou kunnen brengen.

Er vallen haar vluchtige beelden in van haar ouders in het kleine Normandische stadje, haar moeder die haar stofjas uitdoet om 's avonds naar het lof te gaan, haar vader die uit de tuin komt lopen met zijn schop op zijn schouder, een trage wereld die nog steeds voortbestaat, onwerkelijker dan een film, ver van de wereld waartoe zijzelf behoort, een moderne, gecultiveerde wereld, die vooruitgaat, maar waarnaartoe, dat is lastig te zeggen.

Tussen wat er in de wereld gebeurt en wat haar overkomt, is geen raakvlak, het zijn twee parallelle reeksen, de ene abstract, geheel bestaand uit nieuwsberichten die meteen nadat ze zijn waargenomen weer vergeten worden, de andere met louter statische shots.

Naast datgene wat mensen vanzelfsprekend doen en zeggen, naast datgene wat ze worden geacht te denken, hetzij onder invloed van boeken, of van reclameaffiches in de metro, of van moppen, zijn er – op elk moment van de tijd – alle dingen waarover de maatschappij zwijgt en niet weet dat ze dat doet, waardoor mannen of vrouwen die die dingen aanvoelen zonder ze te kunnen benoemen, tot eenzaam onbehagen zijn veroordeeld. Een stilte die op een dag abrupt dan wel beetje bij beetje wordt doorbroken, waarna er woorden opwellen voor de dingen die eindelijk worden erkend, terwijl zich daaronder andere stiltes vormen.

Later zouden journalisten en historici maar wat graag verwijzen naar een zin van Pierre Viansson-Ponté in *Le Monde*, een paar maanden voor mei '68: *Frankrijk verveelt zich!* Het zou makkelijk zijn om fletse beelden van zichzelf terug te vinden, vol van een niet te dateren troosteloosheid, zondagen doorgebracht tegenover televisie-omroepster Anne-Marie Peysson, en je kon er donder op zeggen dat het voor alle mensen zo was geweest, een in eenvormige grauwheid gestolde wereld. En door de televisie werd met behulp van een onveranderlijke iconografie en een beperkt corpus aan acteurs een *ne varietur*-versie van de gebeurtenissen geschapen, waarmee je de indruk kreeg opgedrongen dat iedereen dat jaar tussen de achttien en vijfentwintig was en met een zakdoek voor de mond straatstenen naar de oproerpolitie gooide. Bestookt als je werd door steeds dezelfde terugkerende camerabeelden, verdrong je de beelden van je eigen mei '68, beelden die niets gedenkwaardigs hadden – een uitgestorven Place de la Gare op een zondag, geen reizigers en geen kranten in de kiosk – en ook niets waar je je op kon laten voorstaan –, toen we op een keer bang waren dat het ons aan geld, benzine en vooral voedsel zou mankeren, haastten we ons naar de bank en stopten we in de Carrefour een winkelkarretje tot de rand toe vol, uit een overgeërfde herinnering aan honger.

Het was een lente zoals anders, met een maand april vol plensbuien en een laat vallend Pasen. We hadden de Olympische winterspelen gevolgd met Jean-Claude Killy, *Élise ou la Vraie Vie* van Claire Etcherelli gelezen, met gepaste trots de R8 ingeruild voor een Fiat vierdeurs, we waren met de vijfdeklassers aan Voltaires *Candide* begonnen en schonken maar weinig aandacht aan de onlusten op Parijse universiteiten waarover de radio berichtte. Die zouden net als anders wel de kop in worden gedrukt door de overheid. Maar de Sorbonne sloot haar deuren, de schriftelijke toetsen voor de onderwijsbevoegdheid gingen niet door, er waren confrontaties met de politie. Op een avond hoorden we gejaagde stemmen op Europe 1, er waren net als in Algiers tien jaar eerder barricades in het Quartier latin, molotovcocktails en gewonden. Nu beseften we dat er iets aan het gebeuren was, we hadden geen zin meer om de volgende dag gewoon door te werken. We liepen langs elkaar heen, aarzelden, we kwamen samen. We stopten met werken, zonder echte redenen of eisen, maar omdat we werden aangestoken, omdat je onmogelijk iets kunt doen wanneer het onverwachte zich aandient, behalve wachten. Wat er morgen zou gebeuren, wisten we niet en hoefden we niet te weten. Morgen was een andere tijd.

Wij die ons nooit echt hadden neergelegd bij een vaste baan, die de dingen die we aanschaften niet werkelijk wilden, we herkenden onszelf in de studenten, nauwelijks jonger dan wij, die straatstenen naar de oproerpolitie gooiden. Ze slingerden terug naar de overheid wat diezelfde overheid ieder van ons had aangedaan, de jaren van censuur en repressie, het hardhandige neerslaan van de betogingen tegen de oorlog in Algerije, het politiegeweld, het verbod op *La Religieuse* en de zwarte Citroën DS's waar de autoriteiten in rondreden. Ze wreekten ons voor de verkramping van onze tienerjaren, voor de eerbiedige stilte in de collegezalen, voor de schaamte waarmee we stiekem jongens ontvingen op onze studentenkamers. Onze instemming met die in lichterlaaie staande Parijse avonden lag in onszelf, in de gefnuikte verlangens, in de neerslachtige buien die met onderwerping gepaard gingen. We vonden het jammer dat we dat allemaal niet eerder hadden meegemaakt, maar waren blij dat het ons aan het begin van onze carrière overkwam.

Plotseling werden de familieverhalen over de stakingen in '36 werkelijkheid.

Je zag en hoorde wat je sinds je geboren was nog nooit had gezien of gehoord, en wat je niet voor mogelijk had gehouden. Plekken die uitsluitend volgens sinds jaar en dag vastliggende regels werden gebruikt, die alleen door welbepaalde bevolkingsgroepen mochten worden betreden, universiteiten, fabrieken, theaters, gingen open voor iedereen en mensen deden er van alles, behalve datgene waarvoor ze waren bedoeld – discussiëren, eten, slapen, vrijen. Geen plaats, geen institutie was nog heilig. Leraren en leerlingen, jongeren en ouderen, werkgevers en werknemers praatten met elkaar, en in dat gesprek losten hiërarchieën en afstanden als door een wonder op. En het was afgelopen met de holle frasen, het hoffelijke, gekuiste taalgebruik, de bedaarde toon en de breedsprakigheid, die afstand waarmee – dat besefte je nu – de machtigen en hun dienaars – je hoefde Michel Droit maar op tv te zien – hun overheersing oplegden. De mensen zeiden elkaar luid en met nietsontziende openhartigheid wat ze vonden, vielen elkaar in de rede zonder zich te excuseren. Op de gezichten stond woede, verachting, genot. De vrijheid, de energie van de lichaamshoudingen spatten van het scherm. Was dit een revolutie, dan kwam die overduidelijk daarin tot uiting, in de losheid en de ontspanning van lichamen, die gingen zitten waar ze maar wilden. Toen De Gaulle weer opdook – waar zat hij? je had gehoopt dat hij definitief was vertrokken – en met een van weerzin verwrongen mond sprak van *chienlit*, begrepen we niet wat dat betekende maar voelden we wel dat hij alleen maar aristocratische minachting had voor de revolte, door hem teruggebracht tot een woord dat ontlasting en copulatie, dierlijk gewriemel en losgeslagen instincten suggereerde.

Aanvankelijk viel het ons niet op dat er geen enkele arbeidersleider naar voren trad. Met minzaam paternalisme bleven de kopstukken van de Parti Communiste en van de vakbonden noden en wensen formuleren. Schielijk begonnen ze te onderhandelen met de regering – die nochtans nauwelijks meer bewoog –, alsof er niets beters uit de brand viel te slepen dan een verhoging van de koopkracht en een verlaging van de pensioenleeftijd. Na afloop van de Grenelle-akkoorden zagen we ze de 'maatregelen' waarmee de overheid had 'ingestemd' op hoogdravende toon aankondigen, met woorden die we in drie weken tijd al bijna waren vergeten, en we voelden ons verkillen. We vatten weer hoop toen bleek dat de 'basis' weigerde zich neer te leggen bij de capitulatie van Grenelle en Mendès France verscheen in het Charléty-stadion. We vertwijfelden opnieuw bij de ontbinding van het parlement en de aankondiging van verkiezingen. Toen we een duistere menigte zagen uitstromen over de Champs-Élysées, aangevoerd door Debré, Malraux – die ondanks de suggestieve verwoesting van zijn gelaatstrekken een slaafse indruk maakte – arm in arm met de anderen in een gekunstelde, lugubere saamhorigheid, wisten we dat het gauw afgelopen zou zijn. We konden onmogelijk nog ontkennen dat er twee werelden waren en dat we moesten kiezen. Verkiezingen, dat was niet kiezen, dat was de zittende notabelen weer in het zadel helpen. Hoe dan ook was de helft van de jongeren nog geen eenentwintig, zij stemden niet. De vakcentrale CGT en de PC eisten dat de scholieren en arbeiders weer aan het werk gingen. Met hun trage of stroeve, nep-boerse spreektrant hadden hun woordvoerders ons, zo vonden wij, mooi verneukt. Ze verwierven de reputatie dat ze 'objectieve bondgenoten van de macht' en stalinistische verraders waren, en op de werkvloer was er altijd wel iemand die daarvan jarenlang de volmaakte belichaming zou worden, het mikpunt van alle aanvallen.

De examens gingen door, de treinen reden, de benzine vloeide weer. Je kon op vakantie gaan. Begin juli voelden de provincialen die in Parijs per bus van het ene naar het andere station reden, onder hen de straatstenen liggen, die weer waren teruggelegd alsof er niets was gebeurd. Toen ze een paar weken later terugkwamen, zagen ze een uitgestrekte asfaltvlakte die niet meer hobbelde, en vroegen ze zich af waar die tonnen straatstenen waren gebleven. Het leek wel of er in twee maanden meer was gebeurd dan in tien jaar, maar we hadden niet de tijd gehad om echt iets te doen. We hadden op zeker moment ergens iets gemist, maar wanneer precies wisten we niet – of we hadden het ons laten ontglippen.

Iedereen begon te geloven in een gewelddadige toekomst, het was een kwestie van maanden, hooguit een jaar. De herfst zou heet zijn, en ook de daaropvolgende lente (tot je er niet meer aan dacht en bij het terugvinden van een oude jeans zou zeggen 'die heeft mei '68 nog meegemaakt'). 'Een nieuwe meimaand' – een hoopvolle verwachting voor sommigen, die ijverden voor de terugkeer ervan en voor een andere maatschappij, een spookbeeld voor anderen, die zich schrap zetten tegen zo'n terugkeer, Gabrielle Russier in de bak gooiden omdat ze een affaire had met een leerling, in elke jongere met lang haar een 'gauchist' meenden te zien, de anti-herrieschopperswet toejuichten en alles afkeurden. Op de werkvloer waren de mensen in twee kampen verdeeld, de mei-stakers en de niet-stakers, die elkaar over en weer dood-verklaarden. Mei '68 was het criterium geworden om indivi-duen te klasseren, als je iemand tegenkwam vroeg je je af aan welke kant hij of zij tijdens de gebeurtenissen had gestaan. Aan weerszijden was er evenveel onverbiddelijkheid, je vergaf elkaar niets.

Wij die wat het hervormen van de maatschappij betrof bij de Parti Socialiste Unifié waren blijven steken, ontdekten nu de maoïsten en de trotskisten, een enorme hoeveelheid ideeën en begrippen die in één klap aan de oppervlakte kwa-men. Overal doken bewegingen, boeken en tijdschriften, fi-losofen, critici en sociologen op: Bourdieu, Foucault, Lacan, Chomsky, Baudrillard, Wilhelm Reich, Ivan Illich, *Tel Quel*, structurele analyse, narratologie, ecologie. Om het even waar, in Bourdieus *Les Héritiers* of in het Deense boekje met seksstandjes, ging het erom nieuwe inzichten te verwerven die verandering van de wereld mogelijk maakten. We werden in nieuwe talen ondergedompeld, wisten niet waar te begin-nen en waren verbaasd dat we daar allemaal niet eerder van hadden gehoord. In een maand tijd hadden we jaren inge-haald. En we vonden het geruststellend, ontroerend zelfs, om De Beauvoir met haar tulband en Sartre terug te zien, ouder geworden, maar strijdlustiger dan ooit, al hadden ze ons niets nieuws te zeggen. André Breton was jammer genoeg twee jaar te vroeg gestorven.

Niets van wat we tot nu toe als normaal hadden beschouwd, sprak nog vanzelf. Familie, onderwijs, gevangenis, werk, va-kantie, geesteziekte, reclame, de hele werkelijkheid werd ter discussie gesteld, inclusief degene die kritiek leverde en die werd gesommeerd een boekje open te doen over de eigen oorsprong, *vanwaaruit spreek jij*? De maatschappij had haar onschuld verloren. Een auto kopen, huiswerk beoordelen, bevallen, alles was betekenisvol.

Niets van de planeet aarde mocht ons vreemd blijven, de oceanen, de moord op een mijnwerkersdochter in Bruay-en-Artois, we waren bij elke strijd betrokken, Allende's Chili en Cuba, Vietnam, Tsjecho-Slowakije. We vergeleken systemen, zochten modellen. We waren overgegaan tot een allesomvattende politieke interpretatie van de wereld. Het belangrijkste woord was 'bevrijding'.

Iedereen die een groep, een levensomstandigheid of een onrecht vertegenwoordigde, mocht spreektijd claimen en gehoord worden, intellectueel of niet. Als je in je hoedanigheid van vrouw, homoseksueel, voormalig arbeiderskind, gedetineerde, boer of mijnwerker iets had meegemaakt, gaf dat je het recht om *ik* te zeggen. Over jezelf denken in collectieve termen had iets opwindends. Spontaan traden woordvoerders van prostituees, van stakende arbeiders op de voorgrond. Charles Piaget, arbeider in de Lip-horlogefabriek, was bekender dan de gelijknamige psycholoog over wie we in de eindexamenklas tot vervelens toe les hadden gekregen (onkundig van het feit dat de naam Piaget ons op een dag alleen nog zou doen denken aan luxueuze juwelen in de tijdschriften bij de kapper).

Overal werd gemengd onderwijs voor jongens en meisjes ingevoerd, prijsuitreikingen, driemaandelijkse proefwerken en werkschorten behoorden tot het verleden, rapportcijfers werden vervangen door de letters A tot en met E. De leerlingen kusten elkaar en rookten op de speelplaats, verklaarden luid dat het opstelonderwerp *achterlijk* of *te gek* was.

Er werd geëxperimenteerd met structurele grammatica, semantische velden en isotopieën, met Freinet-onderwijs.

We lieten Corneille en Boileau vallen voor Boris Vian, Ionesco, liedjes van Boby Lapointe en Colette Magny, het tijdschrift *Pilote* en stripverhalen. Leerlingen kregen als taak een roman te schrijven of een krant te redigeren, en onze volharding werd aangewakkerd door de vijandigheid van collega's die zich in '68 in de lerarenkamer hadden verschanst en van ouders die moord en brand schreeuwden omdat we *The Catcher in the Rye* of *Les Petits Enfants du siècle* als leesstof gaven.

We kwamen buiten na twee uur durende debatten over drugs, luchtvervuiling of racisme en waren in een soort roes, met helemaal diep vanbinnen het vermoeden dat we de leerlingen niets hadden bijgebracht, sloeg het allemaal niet *als een tang op een varken*, maar was de school überhaupt wel ergens goed voor. We vervielen voortdurend van de ene wezensvraag in de andere.

Anders denken, praten, schrijven, werken, leven: we vonden dat we alles moesten uitproberen en niets te verliezen hadden.

1968 was het eerste jaar van de wereld.


Op een novemberochtend vernemen dat generaal De Gaulle gestorven was, dompelde ons een seconde in ongeloof – kennelijk was hij in onze ogen dus onsterfelijk –, maar daarna realiseerden we ons hoezeer we hem in anderhalf jaar al waren vergeten. Zijn dood sloot de tijd vóór mei '68 af, jaren die in ons leven ver achter ons lagen.

Toch kon je in het trage verglijden van de dagen, met het rinkelen van de schoolbel, de stemmen van Albert Simon en Madame Soleil op Europe 1, het klapstuk met friet op zaterdag en 's avonds op tv *Kiri le Clown* en Annick Beauchamps' *Une minute pour les femmes*, nauwelijks enige evolutie bespeuren. Misschien merkte je daar pas iets van als je even stilstond, bijvoorbeeld bij het tafereel van alle leerlingen die op de binnenplaats van de school in de zon op de grond zaten, na de dood van een arbeider, Pierre Overney, doodgeschoten door een bewaker van de Renault-fabriek, een moment waarin je alleen de bijzondere bekoring van een namiddag in maart meende te zien, en dat pas later, toen de tijd achter je geschiedenis was geworden, het beeld van de eerste sit-in werd.

Alles waar je je gisteren voor schaamde, was niet meer van tel. Schuldgevoelens werden bespot, *wij zijn allemaal idioots-christelijk*, de *seksuele ellende* werd aangeklaagd, *frustraat* gold als grootste belediging. Het tijdschrift *Parents* leerde frigide vrouwen zichzelf wijdbeens voor een spiegel manueel te stimuleren. In een pamflet dat op middelbare scholen werd uitgedeeld, adviseerde dr. Carpentier scholieren te masturberen om de verveling in het klaslokaal te verdrijven. Liefkozingen tussen volwassenen en kinderen werden verontschuldigd. Alles wat verboden, een afschuwelijk zonde was geweest, verdiende nu aanbeveling. Je wende eraan geslachtsdelen op het scherm te zien, maar hield uit angst om je emotie te tonen je adem in toen Maria Schneider door Marlon Brando anaal werd gepenetreerd. Om jezelf te perfectioneren kocht je het Deense plaatjesboek *Variaties*, met foto's van alle mogelijke standjes, en ging je kijken naar de voorlichtingsfilm *Technik der körperlichen Liebe*. Je overwoog een trio. Maar dat wat gisteren nog als schennis van de eerbaarheid gold – bloot rondlopen in aanwezigheid van je kinderen – bleek al je inspanningen ten spijt toch nog een stap te ver.

Het genotsdiscours was alomtegenwoordig. Je moest genieten als je las, als je schreef, als je een bad nam, als je je ontlastte. Het was het alfa en omega van alle menselijke activiteit.

We blikten terug op onze geschiedenis als vrouw. We constateerden dat wij ons aandeel in de seksuele, creatieve vrijheid, in alles wat voor mannen gewoon beschikbaar is, nog niet hadden gekregen. We waren geschokt geweest door de zelfmoord van Gabrielle Russier, als ging het om een zus die we niet kenden, en we wonden ons op over de gewiekstheid van Pompidou, die een door niemand begrepen versregel van Éluard citeerde om maar niet te hoeven zeggen wat hij van de zaak vond. De reuring rond de Mouvement de Libération des Femmes bereikte de provincie. Het MLF-blad *Le torchon brûle* was in de krantenstalletjes te krijgen, we lazen *De vrouw als eunuch* van Germaine Greer, *Sekse en macht* van Kate Millett, *La Création étouffée* van Suzanne Horer en Jeanne Socquet, met het opwindende, machteloze gevoel dat je krijgt als je in een boek een waarheid voor jezelf ontdekt. Ontwaakt uit de echtelijke verdoving, op de grond gezeten onder de poster *Een vrouw zonder man is als een vis zonder fiets* doorliepen we ons leven in de geest opnieuw, voelden we ons in staat onze echtgenoot en kinderen te verlaten, ons van alles los te maken en de dingen rauw en onverbloemd op te schrijven. Weer thuis bekoelde de vastberadenheid, borrelde het schuldgevoel op. We zagen niet hoe we het moesten aanleggen om ons te bevrijden – en waarom. We maakten onszelf wijs dat onze eigen man geen fallocraat en geen macho was. En we werden heen en weer geslingerd tussen verschillende discoursen – het discours dat pleitte voor de rechtsgelijkheid van mannen en vrouwen en de strijd aanbond met de 'wet van de vaders', en het discours dat liever alles wat vrouwelijk was opwaardeerde, maandstonden, borstvoeding en de bereiding van preisoep. Maar het was voor het eerst dat je je leven voorstelde als een mars naar de vrijheid, en dat veranderde veel. Er was een typisch vrouwengevoel aan het verdwijnen, het gevoel van natuurlijke inferioriteit.

Je zou je niet meer kunnen herinneren welke dag of maand het was – ergens in het voorjaar –, maar wel dat je alle namen had gelezen, van de eerste tot de laatste, van de 343 vrouwen – zoveel waren het er dus, terwijl jij zo alleen was geweest met de sonde en het bloed dat op het laken spoot – die in *Le Nouvel Observateur* verklaarden een illegale abortus te hebben ondergaan. Al haalden sommige mensen hun neus ervoor op, jij had je aangesloten bij degenen die afschaffing van de wet uit 1920 en vrije toegang tot medische abortus eisten. We vermenigvuldigden pamfletten op de kopieermachine in de lerarenkamer, staken ze als het donker was in brievenbussen, gingen kijken naar de documentaire *Histoires d'A*, voerden in het geheim zwangere vrouwen naar een privé-appartement waar activistische dokters kosteloos een zuigcurettage verrichtten op het ongewenste embryo. Een snelkookpan voor de ontsmetting van het materiaal en een fietspomp met omgekeerd mechanisme volstonden; dr. Karman had het werk van de engelenmaaksters veiliger en simpeler gemaakt. We gaven adressen in Londen en Amsterdam door. Clandestiniteit was opwindend, het was alsof we aanknoopten bij het verzet en in het voetspoor traden van de 'kofferdragers' die sympathiseerden met de Algerijnse vrijheidsstrijd. Advocate Gisèle Halimi, zo stralend onder het flitslicht van de journalisten bij het uitgaan van het Bobigny-proces, die de verdediging van Djamila Boupacha op zich had genomen, belichaamde die continuïteit – net zoals trouwens de continuïteit van Vichy werd belichaamd door de antiabortusactivisten van Laissez-les vivre en professor Lejeune, die op tv met beelden van foetussen zwaaide om de kijkers afschuw in te boezemen. Op een zaterdagmiddag maakten we met duizenden in de zon pas op de plaats achter spandoeken, keken we op naar de staalblauwe lucht boven Grenoble en hielden we onszelf voor dat het aan ons was om, voor het eerst, een einde te maken aan duizenden jaren van doodbloedende vrouwen. Wie zou ons nog kunnen vergeten.

De revolutie werd aangepast aan individuele noden en behoeften, afhankelijk van leeftijd, beroep, sociale klasse, belangen en oude schuldgevoelens, maar niemand onttrok zich aan het appel om te feesten en te genieten, om kennis op te doen – je moest voorkomen dat je dom doodging. Sommigen blowden, leefden in communes, *namen dienst* als arbeider bij Renault, gingen naar Kathmandu, anderen brachten een week door in het Tunesische Tabarka, lazen *Charlie Hebdo*, *Fluide glacial*, *L'Écho des savanes*, *Tankonalasanté*, *Métal hurlant*, *La Gueule ouverte*, kleefden plakplaatjes van bloemen op hun autoportieren, hingen posters van de zwart-rode Guevara en van het door napalm verbrande meisje in hun kamer, droegen een maopak of een poncho en begonnen op kussens op de grond te leven, brandden wierookstokjes, kochten plantaardige producten van Maurice Mességué, gingen kijken naar het Grand Magic Circus, naar *Last Tango in Paris* en *Emmanuelle*, knapten een oude boerderij in de Ardèche op, abonneerden zich op het tijdschrift *Cinquante millions de consommateurs* vanwege de pesticiden in de boter, kleedden zich behaloos, lieten *Lui* op de salontafel slingeren in het volle zicht van hun kinderen, vroegen die laatsten, alsof ze schoolvrienden waren, om bij hun voornaam te worden genoemd.

Er werd gezocht naar modellen in ruimte en tijd, India of de Cevennen, het exotische of het boerse. Er was een hang naar zuiverheid.

Zonder nu meteen alles, werk en woning, achter te laten om op het land neer te strijken, een plan dat steeds werd uitgesteld maar dat zeker ooit zou worden verwezenlijkt, zochten zij die het hevigst naar wedergeboorte hongerden voor hun zomerse vakantiebestemming afgelegen dorpjes in onherbergzame streken op – dom in de zon liggen bakken op het strand was niet de bedoeling, en ook de eigen geboortegrond, die maar gewoontjes was en 'verminkt' door de industriële vooruitgang, lieten ze liever links liggen. Daarentegen waren ze van mening dat arme boeren uit dorre, ogenschijnlijk al eeuwenlang onveranderde streken hun *authenticiteit* hadden bewaard. Uitgerekend mensen die zelf Geschiedenis wilden maken, bewonderden niets zozeer als de uitwissing daarvan in de terugkeer van de seizoenen en in een onveranderlijk handelingsrepertoire – en kochten van diezelfde boeren een oud krot voor een habbekrats.

Of ze brachten hun vakantie in de Oostbloklanden door. Bij het zien van de grijze straten met hun trottoirs vol kuilen, de staatswinkels met hun karige assortiment van merkloze, in grof papier verpakte artikelen, de kale peertjes die 's avonds bungelend aan het plafond de appartementen verlichtten, hadden ze het gevoel dat ze rondliepen in de trage, lelijke wereld van de noodlijdende naoorlogse jaren. Het was een zoet, niet te verwoorden gevoel. Toch hadden ze daar nooit willen wonen. Ze kwamen thuis met geborduurde blouses en flessen raki. Ze zouden wel willen dat er in de wereld altijd landen zonder vooruitgang waren, zodat hun daar een blik op het verleden werd gegund.

Op zomeravonden aan het begin van de jaren zeventig, wanneer het geurde naar droge aarde en tijm en alle tafelgenoten hadden plaatsgenomen rond een grote, voor minder dan duizend franc bij een uitdrager gekochte boerentafel met daarop vleesbrochettes en ratatouille – de vegetariërs mochten niet worden vergeten –, mensen die elkaar voordien niet kenden, Parijzenaars die het huis ernaast aan het opknappen waren, rugzaktoeristen op doorreis, liefhebbers van lange-afstandswandelen en zijdeschilderen, stellen met of zonder kinderen, mannen met ruige baarden, verwilderde tienermeisjes, rijpe vrouwen in Indische gewaden, ontstonden er – na een aarzelend begin hoewel er van meet af aan werd getutoyeerd – gesprekken over kleurstoffen en hormonen in voedingsmiddelen, seksuologie en lichamelijke expressie, antigymnastiek, toegepaste kinesiologie en rogeriaanse therapie, yoga, Frédérick Leboyers zachte geboorte, homeopathie en soja, arbeiderszelfbestuur en de bezetting van de Lip-horlogefabriek, het milieu-activisme van René Dumont. Men vroeg zich af of het beter was om kinderen naar school te sturen of om ze zelf les te geven, of Ajax-schuurmiddel giftig was, yoga dan wel groepstherapie nuttig, een twee-urige werkdag utopisch, of vrouwen moesten strijden voor gelijkheid met mannen of voor gelijkheid in verschil. Er werd gediscussieerd over wat goede voeding en een goede bevalling was, over goede methoden om kinderen op te voeden, je te verzorgen of onderwijs te geven, over hoe je in harmonie met jezelf, met anderen, met de natuur kon leven en hoe je je aan de maatschappij kon onttrekken. Hoe je aan *zelfexpressie* kon doen: door potten te bakken, te weven, gitaar te spelen, sieraden te maken, toneel te spelen, te schrijven. Er hing een immens, onbestemd verlangen naar *creativiteit* in de lucht. Iedereen claimde artistiek bezig te zijn of plannen in die richting te hebben. Het was een uitgemaakte zaak dat al die bezigheden op de een of andere manier tegen elkaar opwogen, en wie niet schilderde of dwarsfluit speelde, had altijd nog de mogelijkheid zichzelf te creëren door in psychoanalyse te gaan.

Terwijl de kinderen, die allemaal in dezelfde kamer sliepen, naar hartenlust keet aan het schoppen waren, ondanks het voor de vorm uitgevaardigde bevel dat ze 'de tent niet mochten afbreken', en de volwassenen nipten aan de zelfgestookte drank van de boer van ernaast – die alleen voor het aperitief was uitgenodigd –, dreven de gesprekken af in de richting van zweverige seksuele vraagstukken, of we hetero of homo waren, ontboezemingen, het eerste orgasme. Het wilde meisje riep: 'Ik vind kakken lekker.' Op zo'n zomeravond samenkomen met individuen zonder onderlinge banden, ver van de door ons verfoeide familie-etentjes en rituelen, gaf het opwindende gevoel dat je je openstelde voor de wereld in al haar verscheidenheid. Je voelde je weer een tiener.

Niemand vond het nodig om de oorlog, Auschwitz en de vernietigingskampen ter sprake te brengen en evenmin wat er in Algerije was gebeurd, een afgedane zaak, wel ging het over Hiroshima, de atoomwapenwedloop. Tussen het boerenleven van de voorbije eeuwen, waarvan de adem door het geurige donker van de omliggende *garrigue* leek te worden aangedragen, en deze avond in augustus 1973 was er niets gebeurd.

Iemand pakte een gitaar en begon *Comme un arbre dans la ville* van Maxime Le Forestier of *Duerme negrito* van Quilapayún te spelen –, je luisterde met neergeslagen ogen. Je legde je op goed geluk ergens te slapen op een veldbed in de voormalige zijderupskwekerij en vroeg je af of je beter met je linker of met je rechter buurman seks kon hebben, of helemaal niet. Je viel in slaap voordat je iets had besloten, euforisch gestemd en gesterkt in de waarde van een levensstijl die we de hele avond voor onszelf als een schouwspel hadden opgevoerd – ver weg van het op campings in Merlin-Plage opeengehoopte 'klootjesvolk'.

De maatschappij had nu een naam, heette 'consumptiemaatschappij'. Dat was een feit waarover geen discussie bestond, een zekerheid die men, goedschiks of kwaadschiks, te aanvaarden had. De stijging van de aardolieprijs werkte korte tijd verlammend. De sfeer was ernaar om geld uit te geven, ter veraangenaming van het leven werden er resoluut goederen en diensten aangeschaft. Je kocht een tweedeurskoelkast, een vlotte R5, een week in een Club Hôtel in Flaine, een studio op La Grande-Motte. Je ruilde je oude tv voor een nieuwe in. Op het kleurenscherm was de wereld mooier, waren de interieurs begerenswaardiger. Eindelijk verdween de afstand tot de dagelijkse omgeving, waar beelden in zwart-wit het strenge, haast tragische negatief van waren geweest.

Reclame toonde hoe je moest leven, hoe je je moest gedragen en je huis moest inrichten, reclame was de culturele instructeur van de samenleving. En de kinderen vroegen om Évian vruchtenlimonade, 'da's gespierder', Cadbury-koekjes, Kiri-kaasjes, een draagbare platenspeler om te kunnen luisteren naar het titellied van *The Aristocats* en naar *La Bonne du curé* van Annie Cordy, een auto met afstandbesturing en een Barbiepop. Hun ouders hoopten dat ze met alles wat ze kregen later niet aan de hasj zouden raken. En wij, die ons geen oren lieten aannaaien, die met de leerlingen ernstig de gevaren van reclame onderzochten, die een opstel gaven over de vraag 'Leidt bezit tot geluk?', we kochten bij de Fnac een hifi-geluidsinstallatie, een Grundig radio-cassetterecorder en een Bell & Howell super-8-camera met het gevoel dat we de moderniteit voor intelligente doeleinden gebruikten. Voor ons en door ons werd consumptie iets zuivers.

De idealen van mei '68 werden omgezet in spullen en entertainment.

Het was onthutsend om voor het eerst in het geknister van de projector te zien hoe we liepen, hoe we onze lippen bewogen, hoe we geluidloos lachten op het in de woonkamer uitgevouwen scherm. We verwonderden ons over onszelf, over onze bewegingen. Het was een nieuwe gewaarwording, waarschijnlijk vergelijkbaar met die van mensen uit de zeventiende eeuw toen ze voor het eerst in een spiegel keken, of die van overgrootouders tegenover hun eerste fotoportret. We durfden niets over onze verwarring te zeggen, keken op het scherm liever naar de anderen, ouders, vrienden, die beter overeenstemden met wat ze toch al voor ons waren. Onze eigen stem horen op de bandrecorder was nog verschrikkelijker. Die stem die anderen hoorden, konden we daarna nooit meer vergeten. We wonnen aan zelfkennis wat we verloren aan zorgeloosheid.

In hoe we ons kleedden (broeken met wijde pijpen, topje, Zweedse klompen), in wat we lazen (*Le Nouvel Obs*), in de dingen die onze verontwaardiging wekten (kernenergie, detergenten die in zee werden geloosd) of waar we ruimdenkend in waren (hippies), voelden we ons *bij de tijd* – daarom waren we er ook van overtuigd dat we in alle omstandigheden gelijk hadden. Onze ouders en überhaupt alle mensen boven de vijftig waren van een andere tijd, niet het minst in hun nadrukkelijke pogingen om de jongeren te begrijpen. Hun meningen en hun raadgevingen namen we louter voor kennisgeving aan. En wij zouden nooit oud worden.

Het eerste filmbeeld is dat van een voordeur die op een kier staat – het is donker –, die dicht- en weer opengaat. Een jongetje – oranje jack, pet met kleppen over zijn oren – stuift naar binnen, staat stil, knippert met zijn ogen. Dan verschijnt een ander, kleiner jongetje, warm ingepakt in een blauwe anorak met witte bonten voering. De oudste springt op en neer, de kleinere staat als versteend, met starre ogen, je zou haast denken dat de film is stilgezet. Een vrouw komt op haar beurt binnen, in een lange, getailleerde bruine jas, waarvan de capuchon haar hoofd aan het zicht onttrekt. In haar armen draagt ze twee op elkaar geplaatste dozen waar voedingsmiddelen bovenuit steken. Ze duwt de deur met haar schouder dicht. Verdwijnt uit het beeld, komt zonder de dozen weer terug, terwijl ze haar jas uitdoet die ze aan een staande kapstok met gebogen haken hangt, draait zich met een vlugge glimlach naar de camera, slaat haar ogen neer, verblind door het felle licht van de magnesiumlamp. Ze is haast mager, nauwelijks opgemaakt, draagt een nauwsluitende bruine broek met soulpijpen zonder gulp en een trui met bruin-gele strepen. Haar halflange kastanjebruine haar wordt bijeengehouden door een haarspeld. Iets ascetisch en treurigs – of gedesillusioneerds – in haar blik, de glimlach komt te laat om spontaan te zijn. Haar gebaren verraden gejaagdheid en/of nervositeit. Daar zijn de kinderen weer, ze staan voor haar. Ze weten geen van drieën wat ze moeten doen, bewegen hun armen en benen, staan groepsgewijs tegenover de camera waar ze, nu ze aan het felle licht zijn gewend, naar kijken. Duidelijk is dat ze niets zeggen. Het lijkt wel of ze poseren voor een foto die steeds opnieuw wordt genomen. De grootste jongen steekt zijn arm in de lucht en brengt een koddig militair saluut, met verwrongen lippen en dichte ogen. De camera verspringt naar elementen in het decor met esthetische en commerciële waarde, tekenend voor een burgerlijke smaak, een kist, een hanglamp van opaalglas.

Hij, haar echtgenoot, heeft die beelden gefilmd toen ze thuiskwam van het boodschappen doen met de kinderen die ze van school had gehaald. Op de spoel van de film staat

*Familieleven* '72-'73. Alleen hij bedient de camera.

Volgens de criteria van de damesbladen maakt zij van buitenaf bekeken deel uit van de groeiende categorie actieve vrouwen van in de dertig die werk en moederschap combineren en proberen vrouwelijk en modieus te blijven. Als je een lijst zou maken van de plekken die ze op één dag aandoet (de school waar ze lesgeeft, de Carrefour, de slagerij, de stomerij enzovoorts), van haar ritten in een Austin Mini naar de kinderarts, de judo van de oudste en de pottenbakcursus van de jongste, het postkantoor, als je de tijd zou berekenen die ze aan elke bezigheid besteedt, lesgeven, nakijken, zich bezighouden met het ontbijt, de kinderkleren, de vuile was, de lunch, de boodschappen, uitgezonderd het brood – dat brengt hij mee als hij terugkomt van zijn werk – zou je het volgende constateren:

een kennelijk ongelijke verdeling tussen binnenshuis en buitenshuis, tussen loonarbeid (2/3) en huishoudelijke arbeid, inclusief opvoeding (1/3)

een grote diversiteit aan taakinhouden

veelvuldig bezoek aan winkelzaken

een vrijwel volledige afwezigheid van time-outs

Zij maakt zo'n berekening niet – ze ontleent er een soort trots aan om snel te doen wat geen inventiviteit of transformatie vereist –, maar die zou haar nieuwe geestestoestand hoe dan ook niet afdoende verklaren.

Ze ervaart haar beroep als een constante tekortkoming en als bedrog, heeft in haar dagboek geschreven: 'leerkracht zijn is mij een kwelling'. Ze heeft een grenzeloze dadendrang, een wil om te leren en nieuwe dingen te ondernemen, ze weet nog wat ze toen ze tweeëntwintig was heeft opgetekend in haar dagboek, 'als ik op mijn vijfentwintigste geen roman heb geschreven, maak ik me van kant'. In welke mate staat mei '68 – dat ze meent te hebben gemist, omdat ze al te zeer gesetteld was – aan de wieg van de vraag die haar achtervolgt: 'zou ik in een ander leven gelukkiger zijn?'

Ze begint zich een leven buiten het huwelijk en buiten het gezin voor te stellen.

De herinnering aan haar studiejaren vervult haar niet langer met nostalgische verlangens. Intussen ziet ze die jaren als de tijd van haar intellectuele verburgerlijking, van haar breuk met de wereld waar ze vandaan komt. Van romantisch wordt haar geheugen kritisch. Vaak schieten haar scènes uit haar kindertijd te binnen, haar moeder die haar toeschreeuwt *later spuug jij ons in het gezicht*, de jongens die na de mis rondreden op een Vespa en zij met haar krulpermanentje, zoals op de foto in de tuin van het pensionaat, haar huiswerk op de met een vettig zeildoek bedekte keukentafel waar haar vader een 'collatie' gebruikte – ook woorden komen terug, als een vergeten taal –, wat ze las, het tijdschrift *Confidences* en de volksromans van Delly, de liedjes van Luis Mariano, herinneringen aan haar excellente rapportcijfers en aan haar inferieure sociale status – het onzichtbare op de foto's –, alles wat ze in zichzelf heeft begraven omdat ze zich ervoor schaamde, en wat ze nu alsnog voor de dag zou willen halen om het te onderzoeken en inzichtelijk te maken. Naarmate haar geheugen zich van zijn vernederingen bevrijdt, wordt de toekomst weer een mogelijk handelingsveld. Strijden voor het recht van vrouwen op abortus, tegen sociaal onrecht en begrijpen hoe zij de vrouw is geworden die ze vandaag is, daartussen is voor haar geen verschil.

In de herinneringen aan de pas verstreken jaren, niets wat ze als beelden van geluk beschouwt:
de winter van '69-'70, in zwart-wit vanwege de vaalbleke lucht en de overvloedig gevallen sneeuw, waarvan op de trottoirs tot april grijze korsten achterbleven, die ze bij het lopen speciaal opzocht om ze met haar laarzen in stukken te breken en zo de eindeloze winter te helpen verdrijven, een winter die ze associeert met de afgebrande discotheek in Saint-Laurent-

du-Pont in het departement Isère, hoewel die brand pas een winter later plaatsvond

op het plein van Saint-Paul-de-Vence een in roze hemd gestoken Yves Montand, met buikje, die petanque staat te spelen en na elke worp een blije, zelfingenomen blik over de op ruime afstand achter de hekken samengedromde toeristen laat glijden, terwijl diezelfde zomer Gabrielle Russier gevangenzit en na haar vrijlating thuis zelfmoord pleegt

het kuuroord in Saint-Honoré-les-Bains, het zwembad waar de kinderen opwindbootjes in laten drijven, het Hôtel du Parc waar ze drie weken met hen verblijft en dat ze later zal verwarren met het pension uit het boek van Robert Pinget, *Iemand*.

Tot datgene wat onverdraaglijk is in het geheugen, behoort het beeld van haar stervende vader, van zijn lijk dat gekleed was in het pak dat hij maar één keer had gedragen, toen zij trouwde, en dat in een plastic zak uit de slaapkamer naar de begane grond moest worden getild, omdat de trap te nauw was voor een kist.

Politieke gebeurtenissen blijven alleen in de vorm van details voortbestaan: op tv, in de aanloop naar de presidentsverkiezingen, het ontstellende beeld van Mendès France en Defferre die een tandem vormen, en haar toenmalige gedachte 'maar waarom doet Mendès France het niet alléén', en ook het moment waarop Alain Poher tijdens zijn laatste toespraak voor de tweede ronde aan zijn neus krabt, en haar indruk dat hij door dat gebaar, waar alle televisiekijkers getuige van zijn, door Pompidou zal worden verslagen.

Ze voelt haar eigen leeftijd niet. Ongetwijfeld doet ze als jonge vrouw arrogant tegen wie ouder is, behandelt ze vrouwen in de overgang uit de hoogte. Dat ze ooit zelf in de overgang zal raken, is zeer onwaarschijnlijk. Wanneer iemand haar voorspelt dat ze op haar tweeënvijftigste zal sterven, maakt dat geen indruk, het lijkt haar een aanvaardbare leeftijd om dood te gaan.

Er werd een hete lente aangekondigd, daarna een hete herfst. Maar er gebeurde niets.

Scholierencomités, voorstanders van autonome regio's, milieuactivisten, tegenstanders van kernenergie, gewetensbezwaarden, feministen, homo's, iedereen streed voor zijn eigen brandende kwestie, maar er ontstond geen gemeenschappelijk front. Misschien waren er te veel woelingen in de rest van de wereld, van Tsjecho-Slowakije tot de ellenlange oorlog in Vietnam, het bloedbad op de Olympische Spelen in München en de ene na de andere Griekse junta. Alle 'gauchistische acties' werden rustig door de overheid en Raymond Marcellin onderdrukt. En plotseling overleed Pompidou, terwijl men dacht dat hij alleen aambeien had. In de lerarenkamer begonnen vakbondsaffiches opnieuw aan te kondigen dat door de staking op die en die datum over de 'verslechtering van onze arbeidsomstandigheden' de staatsmacht 'zou wijken'. De verbeelding van de toekomst beperkte zich tot het omcirkelen van vakantiedagen in de agenda, zodra in september het nieuwe schooljaar was begonnen.

Het lezen van *Charlie Hebdo* en *Libération* sterkte ons in het geloof dat we behoorden tot een gemeenschap van revolutionaire jouïssance en dat we, ondanks alles, ons steentje bijdroegen aan de komst van een nieuwe mei '68.

De door Solzjenitsyn aangedragen, als grote onthulling ervaren 'goelag' zaaide verwarring en versomberde het perspectief van de Revolutie. Een kerel met een weerzinwekkende glimlach keek op affiches de voorbijgangers recht in de ogen en zei: *Uw geld interesseert mij.* Er leek niets anders op te zitten dan ons te verlaten op de Union de la gauche, het verenigde front van linkse partijen met hun gemeenschappelijke programma, al bij al was dat iets wat we nog niet eerder hadden meegemaakt. Tussen 11 september 1973 – toen we na de moord op Allende in de nazomerzon meededen aan een betoging tegen Pinochet, terwijl rechts euforisch reageerde op het einde van het 'treurige Chileense experiment' – en voorjaar 1974 – toen we zaten te kijken naar wat als een grote gebeurtenis werd aangekondigd, het televisiedebat tussen Mitterrand en Giscard – waren we opgehouden te geloven dat er ooit een nieuwe mei '68 zou komen. Tijdens daaropvolgende lentes zouden we, omdat er in maart of april een lauwe regen viel, bij het verlaten van een klassenraad het gevoel hebben dat er iets kon gebeuren en meteen ook dat het een illusie was. Er gebeurde niets meer in de lente, niet in Parijs en niet in Praag.

Met Giscard d'Estaing leefden we voortaan in de 'geavanceerde liberale samenleving'. Niets was nog politiek of sociaal, iets was alleen modern of niet. Alles draaide om moderniteit. De mensen haalden 'liberaal' en 'vrij' door elkaar, dachten dat ze in de aldus geheten samenleving een maximum aan rechten en aan spullen konden hebben.

Niet dat we ons speciaal verveelden. Zelfs wij – die op verkiezingsavond de knop van de tv hadden omgedraaid toen we Giscard 'ik begroet mijn mededinger' hoorden zeggen, het klonk als een salvo boertjes uit zijn pruimenmond –, zelfs wij waren van ons stuk gebracht door het stemrecht vanaf achttien jaar, de echtscheiding met wederzijdse instemming, het kamerdebat over de abortuswet, en het scheelde weinig of we hadden gehuild van woede toen we Simone Veil zich in het parlement in haar eentje zagen verdedigen tegen rabiate mannen uit haar eigen kamp, waarna we haar in ons pantheon naast die andere Simone plaatsten, De Beauvoir – die laatste verscheen voor het eerst op tv om een interview te geven, opgetuigd als een soort waarzegster, met tulband en rood-gelakte nagels, we waren aangeslagen, het was te laat, ze had het niet moeten doen –, en het ergerde ons niet langer wanneer ze door de leerlingen werd verward met Simone Weil, de filosofe, van wie de naam weleens was gevallen in de les. Maar we braken definitief met die elegante president toen hij weigerde Christian Ranucci gratie te verlenen, die ter dood werd veroordeeld in een smoorhete zomer zonder een druppel regen, de eerste sinds lang.

De mode neigde naar luchtigheid, naar de 'knipoog'. Morele verontwaardiging was niet meer van tel. We grinnikten wanneer we films als *Zuigmondjes* of *Natte slipjes* aangekondigd zagen, we misten geen enkel optreden van Jean-Louis Bory als 'mietje' van dienst. Dat de verfilming van *La Religieuse* kort geleden nog verboden was geweest, leek onvoorstelbaar. Toch viel het niet mee om toe te geven hoe gechoqueerd we waren geweest door de scène in *Les Valseuses* waarin Patrick Dewaere drinkt aan de borst van een vrouw in de plaats van het kind dat ze zoogt.

De woorden van de gangbare moraal leerden we af, we ruilden ze in voor andere die handelingen, gedragingen en gevoelens afmaten aan het genot, de 'frustratie' en de 'bevrediging' die ze opleverden. De nieuwe lifestyle was 'relaxed', los en nonchalant, een mengeling van zelfverzekerdheid en onverschilligheid voor anderen.

Meer dan ooit droomden de mensen van het platteland, zonder 'vervuiling', zonder de sleur van '*métro boulot dodo*', zonder 'gettoachtige' voorsteden en de 'vandalen' die er woonden. Toch bleven ze toestromen naar de grote stad en kwamen al naargelang hun keuzemogelijkheden in stadsuitbreidingswijken of in zones met eengezinswoningen terecht.

En wij dertig- tot vijfendertigjarigen, we werden melancholisch bij de gedachte dat we zouden 'wegkwijnen', oud worden en sterven in dezelfde middelgrote provinciestad. Zouden we dan nooit doordringen in wat we ons voorstelden als een dreunende, oververhitte kuip, waarvan de zuigkracht al vanaf Dijon voelbaar was, wanneer de trein abrupt optrok en zonder te stoppen pijlsnel doorreed tot de zware grijze muren van de Gare de Lyon – de Parijse regio. Daarheen verhuizen was de onontkoombare evolutie van een geslaagd leven, dan pas trad je ten volle toe tot de moderniteit.

Sainte-Geneviève-des-Bois, Ville-d'Avray, Chilly-Mazarin, Le Petit-Clamart, Villiers-le-Bel, die fraaie, historisch klinkende namen – die deden denken aan een film, aan de aanslag tegen De Gaulle, of nergens aan – konden we onmogelijk op een kaart aanwijzen, we wisten alleen dat ze zich binnen de toverkring bevonden waar je, vanuit om het even welk punt, het Quartier latin kon bereiken om in Saint-Germain een café crème te gaan drinken, net als Serge Reggiani. Je moest alleen Sarcelles, La Courneuve en Saint-Denis vermijden, met hun grote contingent 'allochtonen' in 'nieuwbouwcomplexen' waarvan de 'kwalen' zelfs in schoolboeken aan de kaak werden gesteld.

We gingen. We vestigden ons in een *ville nouvelle*, een satellietstad op veertig kilometer van de ring rond Parijs. Een lichtgewicht huis, in een verkaveling die al bijna was volgebouwd, kleurrijk als een vakantiedorp, waar de straten bloemennamen hadden. De deur viel dicht met een bungalowgeluid. Het was een stille omgeving, onbeschut onder de weidse lucht van het Île-de-France, pal naast een veld waaroverheen een colonne hoogspanningsmasten trok.

Verder weg lagen grasvlakten, glazen bouwsels en torenflats die overheidsdiensten herbergden, een voetgangersge-

bied, andere verkavelingen, door bruggen boven de verkeersaders verbonden. Je kon je onmogelijk voorstellen waar de
stadsgrenzen lagen. Je voelde je zweven in een te uitgestrekte ruimte, het bestaan raakte verdund. Daar een wandeling
maken was zinloos, op zijn best ging je joggen in een trai-
ningspak en keek je daarbij strak voor je. Je lichaam droeg
nog steeds het stempel van de oude stad, straten met auto's en
voorbijgangers op de trottoirs.

Met de verhuizing van de provincie naar de Parijse regio
was de tijd sneller gaan verstrijken. Het tijdsbesef was niet
meer hetzelfde. 's Avonds kreeg je het gevoel dat je niets had
gedaan, behalve vage lessen geven aan geagiteerde scholieren.

Wonen in de Parijse regio betekende:
belanden op een grondgebied met een geografie waar geen
vat op te krijgen viel, omdat het werd verstoord door een wir-
war van verkeersaders die alleen voor auto's waren bedoeld
niet kunnen ontsnappen aan het overweldigende aanbod
van consumptiegoederen dat op braakliggende terreinen of
langs uitvalswegen in een bont samenraapsel van loodsen
bijeen was gebracht en waarvan uithangborden uitdrukkelijk
de buitensporige omvang verkondigden, Tousalon, Mondial
Moquette, Cuircenter, zodat de reclames op commerciële
radiostations plotseling een wonderlijke realiteit kregen,
*Saint-Maclou, uiteraard*
Het betekende dat je geen gelukkige orde kon ontdekken
in wat je zag.

We waren overgeplant in een andere tijdruimte, een andere
wereld, die van de toekomst waarschijnlijk. Daarom kon je
hem ook zo moeilijk omschrijven, je kon hem alleen ervaren als je door het voetgangersgebied onder de Blauwe Toren
liep, te midden van mensen die je nooit zou kennen en langs-

snorrende skateboards. Je wist dat je hier met duizenden was, tot aan La Défense zelfs met miljoenen, maar je dacht nooit aan de anderen.

Parijs was hier onwerkelijk. We hadden ons uitgesloofd om er op woensdag en zondag met de kinderen naartoe te gaan zodat ze de Eiffeltoren, het Musée Grévin en vanuit een rondvaartboot de Seine konden zien. De historische plekken waar we als kind zo vaak over hadden gedroomd en die nu, afgaand op de verkeersborden, Versailles, Chantilly, zo dichtbij bleken, wekten onze begeerte niet meer. Op zondagmiddag bleven we thuis om naar het satirische programma *Le Petit Rapporteur* te kijken of om huiselijke karweitjes te doen.

De plek waar we onvermijdelijk het vaakst naartoe gingen, was het grote, drie verdiepingen hoge indoor-shoppingcenter, waar de lucht lauwwarm was en het geluid ondanks het veelkoppige winkelpubliek gedempt; er waren fonteinen en zitbankjes onder de glazen overkapping, het zachte licht in de galerijen contrasteerde met de meedogenloze verlichting van de etalages en het interieur van de aaneengesloten winkels, waar je vrij in en uit kon lopen zonder een deur open te hoeven duwen, zonder goedendag of tot ziens te hoeven zeggen. Nooit hadden kleren en levensmiddelen mooier geleken – toegankelijk zonder afstand of ritueel. De boetieks droegen laagdrempelige namen, la Froquerie, la Carterie, la Djinnerie, wat aan de handeling van het snuffelen iets kinderlijk onbezonnens gaf. En we voelden ons leeftijdloos.

Het was niet meer hetzelfde ik als toen we nog boodschappen deden bij de Prisunic of de Nouvelles Galeries. Van Darty tot Pier Import sprong het koopverlangen in ons op, alsof we door de aanschaf van een elektrisch wafelijzer of een Japanse lamp een ander mens zouden worden, zoals we op ons vijftiende hoopten te worden getransformeerd door onze kennis van modewoordjes en rock-'n-roll.

We gleden een dof, donzig heden binnen zonder dat we konden zeggen of dat te wijten was aan de verhuizing naar een stad zonder verleden of aan het vooruitzicht om eindeloos te moeten leven in een 'geavanceerde liberale samenleving', of aan het toevallige samengaan van die twee. We gingen kijken naar *Hair*. Toen de held van de film per vliegtuig naar Vietnam werd gezonden, vlogen wij en onze mei '68-illusies met hem mee, de dood tegemoet.

Met het verstrijken van de weken waarin hetzelfde traject werd afgelegd, dezelfde parkeergarages werden gebruikt, zouden we ons gevoel van vreemdheid overwinnen. We zouden tot onze verbazing merken dat we waren opgenomen in de kring van die enorme, onscherp afgebakende populatie, waarvan we de onzichtbare, machtige realiteit 's ochtends en 's avonds als een onduidelijk dreunen zouden horen opstijgen van de snelwegen. We zouden Parijs ontdekken, we zouden weten waar zich de arrondissementen en straten bevonden, de metrostations en de beste plek om op het perron uit te stappen zodat we de aansluiting niet zouden missen. We zouden ons eindelijk met de auto tot aan Place de l'Étoile en Place de la Concorde wagen. Als we over de Pont de Gennevilliers reden, waar het immense uitzicht over Parijs ineens voor ons openging, zouden we het opwindende gevoel dat we deel uitmaakten van dat enorme, pulserende leven ervaren als een individuele promotie. We zouden in geen geval nog terug willen naar de 'provincie', zoals alles wat niet Parijs was nu voor ons heette. En op een avond in de trein, terwijl we verdwenen in de nacht die bespikkeld was met de rode en blauwe lichtreclames van de Parijse regio, zou de stad in de Haute-Savoie waar we drie jaar eerder waren weggegaan het einde van de wereld lijken.

De Vietnamoorlog was voorbij. Sinds het begin van die oorlog was er in ons leven zoveel gebeurd dat hij bij dat leven hoorde. Op de dag dat Saigon viel, beseften we dat we nooit rekening hadden gehouden met de mogelijkheid van een Amerikaanse nederlaag. Ze moesten eindelijk boeten voor de napalm, het meisje dat door een rijstveld holde op de poster die onze wanden sierde. We voelden de uitgelatenheid en de vermoeidheid van dingen die voltooid zijn. Maar de ontnuchtering kwam snel. De tv toonde drommen op schuitjes samengepakte mensen die probeerden het communistische Vietnam te ontvluchten. In Cambodja kon het beschaafde bakkes van de minzame koning Sihanouk, die geabonneerd was op *Le Canard enchaîné*, de wreedheden van de Rode Khmers niet verhullen. Mao stierf, en we moesten terugdenken aan de wintermorgen waarop we, in de keuken voordat we naar school vertrokken, een radiostem *Stalin is dood* hadden horen roepen. Achter de god van de rivier met de honderd bloemen ontdekten we een misdadigersbende met aan het hoofd weduwe Jiang Qing. Niet ver weg, aan de andere kant van de grens, werden bedrijfsleiders en staatslieden door de Rode Brigades en de Baader-Meinhof-Groep ontvoerd en later als doodgewone maffiosi teruggevonden in de kofferbak van een auto. Het werd beschamend om te hopen op een revolutie en we durfden niet hardop te zeggen dat we bedroefd waren om Ulrike Meinhofs zelfmoord in haar gevangeniscel. Zonder dat precies duidelijk was hoe, leek de misdaad van Althusser, die op een zondagochtend zijn vrouw wurgde in het echtelijk bed, evengoed toe te schrijven aan het door hem verpersoonlijkte marxisme als aan een psychisch probleem.

De 'nieuwe filosofen' doken op in televisietalkshows, ze hadden het op de 'ideologieën' gemunt, zwaaiden met Solzjenitsyn en de goelag om iedereen die nog van revolutie droomde terug te jagen in zijn hok. Anders dan Sartre, die seniel was, zei men, en het nog altijd vertikte op tv te komen, dan De Beauvoir, die praatte als een ratelend snelvuur, waren ze jong, brachten ze de geesten in beweging met woorden die iedereen kon begrijpen en stelden ze de kijkers gerust over het peil van hun intelligentie. Het schouwspel van hun morele verontwaardiging was grappig om te zien maar waar ze heen wilden was niet echt duidelijk – behalve dan dat ze mensen ontmoedigden om op de Union de la gauche te stemmen.

Wij, die als kind hadden geleerd dat we onze ziel moesten redden door goede daden te verrichten, in het eindexamenjaar dat we Kants categorische imperatief in de praktijk moesten brengen, *handel zo dat het maxime van je wil als beginsel van een algemene wetgeving zou kunnen gelden*, en door Marx en Sartre dat we de wereld moesten veranderen – en die er in '68 in hadden geloofd –, wij vonden daarin geen hoop.

De gezaghebbende stemmen zwegen over de banlieues en over de gezinnen van nieuwkomers, nieuwe buren in de huurkazernes van bewoners die daar al waren en die hun verweten dat ze niet spraken en aten als wij. Er was weinig bekend over deze vage bevolkingsgroepen, die niet vatbaar leken voor het gelukscredo dat de maatschappij aanjoeg, die het door een ongunstig lot slecht hadden getroffen, 'minderbedeelden' die geen andere keus hadden dan zich te vestigen in 'kippenhokken' waar je je sowieso niet kon voorstellen dat iemand er gelukkig was. Nog steeds was het beeld van de typische immigrant de gehelmde grondwerker onder in een put in de rijweg en de vuilnisophaler hangend aan de trommelwagen, een louter economisch bestaan. En dat bestaan werd hun ook triomfantelijk gegund tijdens het jaarlijkse debat in de klas, waar onze goed bedoelende leerlingen ervan overtuigd waren dat ze het beste argument tegen racisme in handen hadden: we hebben ze nodig voor het werk dat de Fransen niet meer willen doen.

Alleen feiten die op televisie werden getoond, golden als werkelijk. Iedereen had een kleurentoestel. Oudere mensen zetten het rond de middag aan het begin van de uitzendingen aan en vielen 's avonds voor het testbeeld in slaap. 's Winters hoefden vrome lieden maar naar *Le Jour du Seigneur* te kijken om thuis de mis te kunnen volgen. Huisvrouwen deden de strijk onder het kijken naar het feuilleton op net 1 of naar *Aujourd'hui madame* op net 2. Moeders hielden hun kinderen zoet met *Les Visiteurs du mercredi* en *Walt Disney's Wonderful World of Colour*. Voor iedereen betekende de tv de onmiddellijke, goedkope beschikbaarheid van *verstrooiing*, voor echtgenotes het rustige besef dat ze hun man bij zich thuis konden houden tijdens *Sport Dimanche*. De tv omringde ons met niet-aflatende, onmerkbare toewijding, die zweefde over de glimlachende, eenstemmig begripvolle gezichten van de presentatoren (Jacques Martin en Stéphane Collaro), over hun goedmoedige uitstraling (Bernard Pivot, Alain Decaux). Ze zorgde ervoor dat de dingen die ons bang, blij of nieuwsgierig maakten gaandeweg steeds gelijkvormiger werden, zou de gruwelijke moordenaar van de kleine Philippe Bertrand of de ontvoerde baron Empain worden teruggevonden? Zouden ze Mesrine te pakken krijgen? Zou ayatollah Khomeini terugkeren naar Iran? Ze schonk ons een uitentreuren vernieuwd vermogen om gebeurtenissen en nieuwsfeitjes te citeren. Ze verschafte informatie over medische zaken, geschiedenis, geografie, de dierenwereld enzovoorts. De algemeen gedeelde kennis nam toe, onbezwaarde kennis die geen gevolgen had en waar je, anders dan op school, geen rekenschap van hoefde af te leggen buiten alledaagse gesprekken, voorafgegaan door een *ze zeiden...* of *ik zag op tv...* dat naar believen als distantiëring van de bron of als bewijs van waarheid kon worden opgevat.

Alleen leerkrachten betichtten de tv ervan kinderen van het lezen af te houden en hun verbeelding te beknotten.

Daar hadden die kinderen lak aan, ze zongen luidkeels *À la pêche aux moules moules moules*, imiteerden de stemmen van Tweety en Sylvester, herhaalden vol verrukking *Mahna Mahna Doe-doe biedoedoe* en *Doet u dat thuis ook? Knipt u thuis ook kaartjes?*

Het eclectische, onafgebroken registreren van de wereld vond, dag na dag, op televisie plaats. Er ontstond een nieuw geheugen. Uit het magma van duizenden virtuele dingen, gezien, vergeten en van bijbehorend commentaar ontdaan, kwamen sommige items bovendrijven – reclamespots die over langere tijd werden uitgezonden, figuren die schilderachtig waren of niet van de beeldbuis weg te slaan, bizarre of gewelddadige scènes – dusdanig opeengestapeld dat het leek alsof Jean Seberg en Aldo Moro in dezelfde auto dood waren gevonden.

De dood van intellectuelen en van zangers versterkte het gevoel dat we leefden in een troosteloze tijd. Die van Barthes kwam te vroeg. Op Sartres dood hadden we gerekend, toen die zich werkelijk voordeed was het imposant, een miljoen mensen liep achter de kist en Simone de Beauvoirs tulband gleed weg tijdens de teraardebestelling. Sartre had dubbel zo lang geleefd als Camus – die allang naast Gérard Philipe in de grafkelder van winter '59-'60 rustte.

Verwarrender waren de dood van Brel en die van Brassens, net als eertijds die van Piaf, alsof ze ons ons hele leven gezelschap hadden moeten houden, al luisterden we niet zoveel meer naar hen, de een te moralistisch, de ander aimabel anarchistisch, en gaven we de voorkeur aan Renaud en Souchon. Van een totaal andere orde was de ridicule dood van Claude François, geëlektrocuteerd in bad op de dag voor de eerste ronde van de parlementsverkiezingen – die links verloor, terwijl iedereen verwachtte dat het zou winnen – of ook die van

Joe Dassin, nauwelijks ouder dan wij toen hij werd geveld, waardoor we ineens beseften hoe ver we afstonden van het voorjaar van '75 en van de val van Saigon, van de opwelling van hoop die we associeerden met *L'Été indien*.

Als we aan het eind van de jaren zeventig samenkwamen voor familie-etentjes, die ondanks de ver uiteenliggende woonplekken van dezen en genen traditiegetrouw georganiseerd bleven worden, reikte het geheugen steeds minder ver.

Rond de coquilles Saint-Jacques, het van de slager – en niet van de supermarkt – afkomstige rundergebraad en de bijpassende aardappelkroketjes – uit de diepvries, maar even lekker als echte, bezwoer men – ontsponnen zich gesprekjes over auto's en de kwaliteiten van uiteenlopende merken, over de keus tussen nieuwbouw of de koop van een bestaand huis, over de laatste vakantie, over het verbruik van de tijd en van de dingen. Terwijl onderwerpen die oude gevoelens van jaloezie wekten of culturele verschillen benadrukten instinctief werden vermeden, ging men uitvoerig in op het gedeelde heden, de kneedbommen op Corsica, de aanslagen in Spanje en Ierland, Bokassa's diamanten, het anti-Giscardpamflet van 'Hasard d'Estin', de kandidatuur van Coluche bij de presidentsverkiezingen, Björn Borg, kleurstof E123, films, *La Grande Bouffe*, door iedereen gezien behalve door de grootouders, die nooit naar de bioscoop gingen, *Manhattan*, alleen door de trendbewusten. De vrouwen wijdden zich aan onderonsjes over huishoudelijke zaken – hoe je dekbedovertrekken vouwt, hoe je bij de knieën versleten jeans oplapt, hoe je wijnvlekken op het tafelkleed met zout verwijdert –, maar verder hielden de mannen het monopolie over de keuze van gespreksonderwerpen.

Er werden vrijwel geen herinneringen meer opgehaald aan de oorlog en de bezetting, alleen bij de champagne en het dessert kwamen de oudsten van het gezelschap nog over de brug met wat anekdotes, waar we glimlachend naar luisterden, zoals we ook deden als ze het hadden over Maurice Chevalier en Joséphine Baker. De band met het verleden vervaagde. Alleen het heden werd doorgegeven.

De kinderen vormden het onderwerp van bezorgde gesprekken tussen de ouders, ze vergeleken opvoedingsmethoden en vroegen zich af hoe ze moesten omgaan met de vrije moraal die ze zelf niet hadden gekend, of ze moesten verbieden of toestaan (de pil, fuiven, sigaretten, brommers). Ze discussieerden over de verdiensten van privé-onderwijs, over het nut van Duitse les, van een taalbad in het buitenland. Ze wilden een goede middelbare school, een goede studierichting, een goed lyceum, goede leerkrachten – waren bezeten van de ideale omgeving die garant zou staan voor de ontplooiing van hun kinderen en voor hun pijnloze individuele welslagen, waarvoor zij en alleen zij verantwoordelijk meenden te zijn.

De tijd van de kinderen verving de tijd van de doden.

Werden ze behoedzaam ondervraagd over hun hobby's en hun lievelingsmuziek, dan antwoordden tieners gedwee, laconiek en wantrouwig, in de overtuiging dat wat zij mooi vonden ons eigenlijk niet interesseerde, behalve dan als teken van iets anders, iets waar ze zelf maar een vaag beeld van hadden, misschien hun verborgen wezen, dat ze ons niet aan de neus wilden hangen. En verward als we waren door rollenspellen, wargames en heroic fantasy, stelde het ons gerust dat ze *In de ban van de ring* en de Beatles noemden, niet alleen Pink Floyd, de Sex Pistols en de hard rock waar ze ons de godganse dag mee teisterden. Ze zagen er keurig uit met hun trui met v-hals, ruitjeshemd en brave kapsel, en we bedachten dat ze voorlopig nog veilig waren, voor drugs, voor schizofrenie en voor het Nationaal Arbeidsbureau.

Na het dessert werden de kleinsten uitgenodigd om hun kunstwerkjes met spijkers en draad te laten zien, hun vaardigheid met Rubiks kubus te tonen of om aan de piano *Le Petit Nègre* van Debussy te spelen, waarnaar tot ergernis van de ouders niemand echt luisterde. Na enig getalm werd besloten de familiebijeenkomst niet te beëindigen met een gezelschapsspel, de jongeren bridgeden niet, de ouderen achtten zich niet tot Scrabble in staat en Monopoly duurde te lang.

En wanneer we vlak voor het begin van de jaren tachtig, het decennium waarin we ons veertigste levensjaar zouden bereiken, na dit eerbewijs aan de traditie aangenaam vermoeid achteroverleunden en onze blik lieten glijden over de in het tegenlicht donkere gezichten aan tafel, beseften we vluchtig hoe bevreemdend het was om dit ritueel te herhalen, waarin wij nu de middenpositie tussen twee generaties innamen. We werden bevangen door de duizeling van het onveranderlijke, alsof er in de maatschappij niets in beweging was gekomen. In het geroezemoes van de stemmen, die zich plotseling van de lichamen leken te hebben losgemaakt, wisten we dat het familie-etentje een plek was waar je in een aanval van waanzin schreeuwend kon opspringen om de tafel omver te gooien.

Overeenkomstig onze wens en die van de staat, geruggensteund door banken en bouwspaarkassen, ging 'de droom van een eigen huis' in vervulling. Met de realisatie van die sociale verwachting kromp de tijd, kwamen stellen nader tot de ouderdom; hier zouden ze tot de dood samenblijven. Werk, huwelijk, kinderen, ze bereikten het einde van het voortplantingstraject, dat nu in graniet gebeiteld stond door afbetalingstermijnen over twintig jaar. Ze zochten afleiding in doe-het-zelven, brachten nieuwe lagen verf en wandbekleding aan tot ze ervan duizelden. Soms werden ze kortstondig bespron-gen door het verlangen om terug te keren naar vroeger. Ze waren jaloers op de jongeren die, met algemene instemming, 'ongehuwd samenwoonden', iets wat zijzelf nooit hadden ge-mogen. Om hen heen wemelde het van de echtscheidingen. Ze hadden seksfilms en stoute lingerie geprobeerd. Naarma-te vrouwen langer met dezelfde man vreeën, kregen ze het gevoel dat ze opnieuw maagd werden. De tijd tussen twee menstruaties leek korter te worden. Ze vergeleken hun leven met dat van vrouwen die alleenstaand of gescheiden waren, keken met weemoed naar een jonge backpackster die voor het station op de grond zat en rustig een pak melk leegdronk. Om te testen of ze ook zonder man konden leven, gingen ze 's middags alleen naar de film en beefden inwendig, want ze geloofden dat iedereen wist dat ze daar niet hoorden.

Ze betraden andermaal de grote marktplaats van de ver-leiding, werden onverhoeds opnieuw blootgesteld aan de avonturen van de wereld, waar huwelijk en moederschap hen van hadden weggehouden. Ze wilden zonder echtgenoot of kinderen op vakantie en merkten dat ze bang werden van het vooruitzicht alleen te reizen en in een hotel te logeren. Het idee om alles achter te laten, om weer onafhankelijk te worden, wekte verlangen en angst, al naargelang de dag. Om te weten wat hun echte verlangen was en moed op te doen, gingen ze kijken naar *A Woman Under the Influence* en *Identificazione di una donna*, lazen ze *Die linkshändige Frau* en *La Femme fidèle*. Het besluit om te scheiden werd eerst nog voorafgegaan door maanden van nieuwe huiselijke scènes en halfhartige verzoeningen, gesprekken met vriendinnen, hints over echtelijke problemen aan de ouders, zij die ten tijde van het huwelijk hadden gewaarschuwd, *scheiden, daar doen wij niet aan*. In het proces van huwelijksontbinding behelsde de

inventaris van te verdelen meubels en toestellen waarschijnlijk het point of no return. Er werd een lijst van de in vijftien
jaar tijd vergaarde voorwerpen opgemaakt:
tapijt 300 F
hifi-installatie 10.000
aquarium 1.000
Marokkaanse spiegel 200
bed 2.000
Emmanuelle-fauteuils 1.000
apotheekkastje 50, enzovoorts

We ruzieden om die spullen, over marktwaarde, 'dat is niks
meer waard', en gebruikswaarde, 'ik heb de auto meer nodig
dan jij'. Dingen waarnaar we samen hadden verlangd toen we
ons aanvankelijk settelden, die we tot onze voldoening hadden verworven en die intussen waren opgegaan in het decor
of het dagelijkse gebruik, kregen hun aanvankelijke, vergeten
status terug, die van object met een prijs. Zoals de lijst van
aan te schaffen dingen, van pannen tot beddenlakens, destijds de duurzaamheid van onze verbintenis had bevestigd, zo
materialiseerde de lijst van te verdelen dingen nu de breuk.
Er werd een streep gezet onder alles wat ooit gezamenlijke
nieuwsgierigheid en verlangens wekte, de bestellingen bij
postorderbedrijven 's avonds na het eten, de aarzelingen in
Darty tussen twee types keukenfornuizen, de fauteuil die
we op een zomermiddag in een uitdragerij hadden gekocht
en die, vastgesjord op het autodak, een hachelijke reis had
gemaakt. De inventaris bekrachtigde het overlijden van het
paar. De volgende stap was het raadplegen van een advocaat
en de omzetting van ons gedeelde verhaal in juridisch jargon,
waarmee de breuk in één klap ook werd gezuiverd van passi-
onele elementen en omgezet in de banaliteit en anonimiteit
van een 'ontbinding van de gemeenschap'. Je had zin om weg
te vluchten en het daarbij te laten. Maar je voelde dat je niet

naar het verleden terugkon, je was bereid om te leven met het schrijnende verdriet van de scheiding, de dreigementen en beledigingen, de kleinzielige verwijten, bereid om te leven met half zoveel geld, tot alles bereid, als je maar weer naar een toekomst kon verlangen.

Kleurenfoto: een vrouw, een joch van een jaar of twaalf en een man, alle drie op afstand van elkaar, alsof ze in een driehoek op een zanderige esplanade zijn geplaatst, voor een gebouw dat een museum zou kunnen zijn. Het plein ziet wit van het zonlicht, hun schaduwen zijn naast hen zichtbaar. Rechts staat de man, met zijn rug naar de lens en zijn armen geheven, hij draagt een zwart maopak en filmt het gebouw. Op de achtergrond, bij de punt van de driehoek, staat het jongetje, in korte broek en T-shirt met onleesbaar opschrift, naar het fototoestel te kijken, hij houdt iets zwarts vast, waarschijnlijk het etui van de filmcamera. Links, op de voorgrond en in halfprofiel, de vrouw, in een groene, van boven strakke, maar los om de heupen hangende jurk, ergens halverwege vrijetijdslook en hippielook. Ze houdt een dik boek vast, waarschijnlijk de Guide Bleu. Haar haar is strak naar achteren getrokken en laat haar oren en ronde gezicht vrij, maar in het licht blijft het onscherp. Onder de non-descripte jurk oogt het onderlichaam zwaar. De vrouw en het kind lijken allebei al lopend te zijn gefotografeerd, ze draaien zich om naar de lens en glimlachen op het laatste moment nadat de fotograaf hun heeft toegeroepen. Op de achterkant staat: *Spanje, juli 1980*.

Zij is de echtgenote en moeder van dit familiegroepje en het vierde lid ervan, de oudere tienerzoon, heeft de foto genomen. Het naar achteren getrokken haar, de hangende schouders en de vormeloze jurk wijzen erop dat ze ondanks haar brede glimlach vermoeid is en onverschillig voor het verlangen om te behagen.

Hier, in de volle zon, op deze niet nader te bepalen plaats van een toeristische route, worden haar gedachten vast volledig opgeslokt door de familiale bubbel, haar gezinnetje dat rondsukkelt van paradors naar tapasbars via bezienswaardigheden die van de gids drie sterren hebben gekregen, in de vrees dat ze hun Peugeot 305 terugvinden met banden die zijn lekgeprikt door de ETA. In dit *huis clos* in de openlucht is ze overgeleverd aan een verhevigd bewustzijn, want tijdelijk verlost van de veelvoudige alledaagse zorgen waarvan de beknopte sporen in haar agenda te vinden zijn – lakens verversen, braadvlees bestellen, klassenraad enzovoorts; sinds ze onder de stromende regen zijn vertrokken uit de Parijse regio, lukt het haar niet zich los te maken van haar huwelijkspijn, een prop bestaand uit onmacht, wrok en het gevoel in de steek gelaten te zijn. Die pijn filtert haar verhouding tot de wereld. Landschappen gunt ze maar verstrooide aandacht, hooguit constateert ze dat Spanje sinds Franco's dood is veranderd, want er liggen nu industriegebieden rond de steden, in de vlakte hebben ze een gigantisch zelfbedieningswarenhuis neergepoot en de grauwtjes zijn uit het straatbeeld verdwenen. Op caféterrassen ziet ze alleen vrouwen die ze qua leeftijd tussen de vijfendertig en de vijftig schat en zoekt ze op hun gezicht naar tekens van geluk of ongeluk, 'hoe doen ze het?' Maar soms zit ze achter in een bar en kijkt ze naar haar kinderen die verderop met hun vader videospelletjes spelen, dan verscheurt haar het besef dat ze, door te scheiden, lijden binnenbrengt in dat zo rustige wereldje.

Van die Spanjereis zullen de volgende momenten beklijven: als ze op de Plaza Mayor in Salamanca in de schaduw een glas drinken, kan ze haar ogen niet afhouden van een vrouw van in de veertig die er op het eerste gezicht met haar bloemetjesblouse, knielange rok en handtas uitziet als een brave huismoeder, maar die loopt te tippelen onder de arcaden als ze in Hotel Escurial in Toledo logeren, wordt ze midden in de nacht wakker door kreunende geluiden, springt uit bed en haast zich naar de aangrenzende kamer van de kinderen. Die liggen rustig te slapen. Ze gaat weer naar bed, waar zij en haar man beseffen dat een vrouw ergens eindeloos lang ligt klaar te komen, haar kreten worden door de muren van de patio in alle kamers met open ramen weerkaatst. Ze kan het niet laten te masturberen, naast haar weer ingeslapen man in Pamplona, waar ze drie dagen doorbrengen tijdens de San Fermínfeesten, doet ze op een middag alleen in de hotelkamer een dutje en voelt ze zich precies zoals toen ze achttien was in de slaapbox van het meisjestehuis, hetzelfde lichaam en dezelfde eenzaamheid, dezelfde onwil om iets te ondernemen. Vanuit bed hoort ze de muziekkapellen die met de stadsreuzen rondtrekken en nooit stilstaan. Het was het oude gevoel dat ze niet meedoet aan het feest.

Tijdens die zomer van 1980 komt de tijd van haar jeugd op haar over als een onbegrensde ruimte vol licht, waarvan zij alle punten bezet en die ze met haar huidige blik omvat, maar zonder enig detail waar te nemen. Dat die wereld achter haar ligt, vindt ze verbijsterend. Voor het eerst dit jaar beseft ze de verschrikkelijke betekenis van de zin *ik heb maar één leven*. Misschien projecteert ze zichzelf bij voorbaat op de oude vrouw in *Cria cuervos* - de film die haar in een andere, onwerkelijk warme en nu al zo verre zomer, die van de 'droogte', diep heeft getroffen -, een verlamde, sprakeloze vrouw, die onvermoeibaar en met een gezicht vol tranen naar foto's op de muur zit te kijken, terwijl uitentreuren dezelfde liedjes blijven spelen. De films die ze wil zien, die ze recentelijk heeft gezien, vormen in haar verhaallijnen waarin ze haar eigen leven zoekt, *Wanda*, *Une histoire simple*. Ze vraagt die films voor haar een toekomst uit te tekenen.

Ze heeft het gevoel dat er zich achter haar helemaal vanzelf een boek aan het schrijven is, domweg doordat ze leeft, maar er is niets.

Zonder dat we er erg in hadden, waren we aan de lethargie ontsnapt.

Mensen keken naar politiek en maatschappij met de vrolijke spotlust van Coluche. Kinderen kenden al zijn 'verboden' sketches en iedereen herhaalde ''t is nieuw, 't is net uit'. Zijn kijk op Frankrijk als een land dat 'dubbel ligt van het lachen' paste goed bij de onze, en we waren verrukt van zijn plan om zich verkiesbaar te stellen als president, al dachten we niet dat we de ontheiliging van het algemeen kiesrecht op de spits zouden drijven door voor hem te stemmen. We verkneukelden ons in het nieuws dat de neerbuigende Giscard d'Estaing diamanten had ontvangen van een Afrikaanse potentaat die ervan werd verdacht de lijken van zijn vijanden in zijn vrieskist te bewaren. Door een omkering waarvan je niet wist wanneer die was begonnen, stond niet langer híj voor waarheid, vooruitgang en jeugd, maar Mitterrand. Die voorstander was van: vrije radiozenders, abortus in het ziekenfonds, pensioen op je zestigste, negendertigurige werkweek, afschaffing van de doodstraf enzovoorts. Om hem hing nu een aureool van soevereiniteit, versterkt door zijn portret met op de achtergrond een dorpje en een kerktoren, het beeld van een evidentie die was geworteld in herinneringen aan vroeger.

We deden er het zwijgen toe, uit bijgeloof. Het kon ongeluk brengen, hardop zeggen dat links naar onze heilige overtuiging zou winnen. *Als verkiezingen iets zouden veranderen, waren ze allang verboden*, was een leus uit een andere tijd.

Zelfs toen we op tv het vreemde stippellijntjesgezicht van François Mitterrand zagen verschijnen, konden we het nog niet geloven. Vervolgens realiseerden we ons dat ons hele volwassen leven zich had afgespeeld onder regeringen waar we ons niet bij betrokken hadden gevoeld, drieëntwintig jaren die, een meimaand uitgezonderd, overkwamen als één hopeloze neerwaartse stroom, waarin uit het politieke niets gelukkigs was voortgekomen. Daardoor was bij ons rancune ontstaan, alsof ons iets van onze jeugd ontstolen was. Na al die tijd keerden we, op een mistige zondagavond in mei die het echec van die andere mei uitwiste, terug in de Geschiedenis, met een grote sleep mensen, jongeren, vrouwen, arbeiders, leerkrachten, kunstenaars, homo's, verpleegsters en postboden, en hadden we zin om die Geschiedenis opnieuw te schrijven. Het was '36, het Front populaire van onze ouders, de bevrijding van de Duitse bezetting, een '68 dat geslaagd zou zijn. We hadden behoefte aan vervoering en emotie, Mitterrands roos bij het Pantheon, Jean Jaurès en Jean Moulin, *Le Temps des cerises* en Pierre Bachelets mijnwerkerslied *Les Corons*. Meeslepende woorden, die ons oprecht leken omdat we ze al zo lang niet hadden gehoord. We moesten het verleden opnieuw bezetten, de Bastille heroveren, ons bezatten aan symbolen en nostalgie voordat we de toekomst het hoofd zouden bieden. De tranen van geluk van Mendès France als Mitterrand hem omhelst, waren de onze. We lachten om de rijken die 'm knepen en halsoverkop naar Zwitserland vluchtten om er hun geld weg te stoppen, we stelden minzaam de secretaresses gerust die ervan overtuigd waren dat hun appartement zou worden genationaliseerd. De aanslag op de door een Turk neergeschoten Johannes Paulus II kwam op het verkeerde moment, we zouden hem vergeten.

Alles leek mogelijk. Alles was ongewoon en onbekend. De vier communistische ministers prikkelden onze nieuwsgierigheid, we keken ernaar als naar een exotische soort, waren verbaasd dat ze er niet uitzagen als Sovjet-Russen en niet spraken met het accent van Marchais of Lajoinie. We waren vertederd bij het zien van kamerleden met een pijp en een ringbaardje, net als de studenten uit de jaren zestig. De lucht leek lichter, het leven jonger. Woorden kwamen terug, bourgeoisie, sociale klasse. De taal schudde haar breidels af. Toen we in de zomervakantie de snelweg naar het zuiden namen en luisterden naar loeiharde Iron Maiden-cassettes en naar de avonturen van David Grossexe op de vrije zender Carbone 14, voelde het alsof er een nieuwe tijd voor ons openging.

Zo ver we ons konden heugen, waren er in zo weinig maanden nog nooit zoveel dingen toegestaan (wat we meteen vergaten, want we konden ons al niet meer voorstellen dat we naar de vroegere situatie zouden terugkeren). De doodstraf afgeschaft, zwangerschapsonderbreking vergoed, illegalen geregulariseerd, homoseksualiteit toegestaan, de vakantie met een week verlengd, de werkweek met een uur verkort enzovoorts. Maar de rust raakte verstoord. De regering eiste geld, leende geld van ons, devalueerde, belette dat Franse franken het land verlieten door de wisselkoersen te controleren. De sfeer begon gespannen te worden, de toon – 'bezuiniging' en 'besparing' – bestraffend, alsof meer tijd, geld en rechten hebben niet billijk was, alsof we moesten terugkeren naar een natuurlijke, door economen gedicteerde orde. Mitterrand had het niet langer over het 'volk van links'. We namen het hem nog niet al te erg kwalijk, hij was Thatcher niet, die Bobby Sands had laten sterven en soldaten de dood in had gestuurd op de Falklandeilanden. Maar 10 mei, de verkiezingsdatum, werd een ongemakkelijke, haast onwaardige herinnering. Nationalisaties, salarisverhogingen, arbeidsduurverkorting, alle maatregelen waarvan we hadden gedacht dat het stappen waren op weg naar rechtvaardigheid, naar een andere maatschappij, kwamen ons nu eerder voor als een grootscheepse herdenkingsceremonie van het Front populaire, een eredienst voor teloorgegane idealen waarin de voorgangers wellicht zelf niet geloofden. De grote gebeurenis had niet plaatsgevonden. De staat wendde zich weer van ons af.

Maar toenadering tot de media zocht hij wel. Politici verschenen strak geregisseerd op tv met plechtige, tragische achtergrondmuziek, waarbij ze deden alsof ze een verhoor ondergingen en de waarheid spraken. Als je hoorde hoeveel cijfers ze zonder aarzelen ophoesttten zonder ooit door het minste of geringste van hun stuk te worden gebracht, wist je dat ze de vragen van tevoren al kenden. Net als scholieren die een opstel moeten schrijven, ging het hun erom 'overtuigend over te komen'. Van week tot week kwamen ze een voor een langs, goedenavond mevrouw Georgina Dufoix, goedenavond meneer Pasqua, goedenavond meneer Brice Lalonde. Er bleef niets van hangen, behalve een 'kleine frase', die ons trouwens niet eens zou zijn opgevallen als de journalisten die het schip op koers hielden dat melodietje niet triomfantelijk in omloop hadden gebracht.

Feiten, de materiële en immateriële wereld, kwamen tot ons in getalsmatige vorm, in percentages, werklozen, verkoopcijfers van auto's en boeken, de waarschijnlijkheid om kanker te krijgen en dood te gaan, opinies 'pro' en 'contra'. *Vijfenvijftig procent van de Fransen vindt dat er te veel Arabieren zijn, dertig procent bezit een bandrecorder. Twee miljoen werklozen.* Die cijfers hadden geen andere boodschap dan onvermijdelijkheid en determinisme.

Het was niet duidelijk wanneer precies de Crisis, een duister, vormeloos gegeven, voor iedereen de oorsprong en verklaring van de wereld was geworden, de zekerheid van het absolute kwaad. Maar dat was het geval toen Yves Montand, in driedelig grijs, met steun van *Libération* – die duidelijk niet meer de krant van Sartre was – ons kwam uitleggen dat er een wondermiddel tegen de Crisis bestond, namelijk Ondernemerschap, waarvan alle eschatologische schoonheid een paar jaar later zou worden belichaamd door het beeld en de stem van Catherine Deneuve, die het publiek namens de geprivatiseerde Banque de Suez warm aanbeval er aandeelhouder van te worden, terwijl op de achtergrond de hoge, rijkversierde poorten van het geld, anders dan die van Kafka's *Proces*, waar ze ons aan deden denken, traag uiteenweken.

Het ondernemerschap was natuurwet, moderniteit, intelligentie, het zou de wereld redden. (We begrepen dan ook niet waarom er fabrieken dichtgingen en werknemers werden ontslagen.) Van 'ideologieën' en hun 'holle frasen' viel niets te verwachten. 'Klassenstrijd', 'politiek engagement', de tegenstelling tussen 'kapitaal' en 'arbeid', zulke praat wekte meewarige glimlachjes. Naarmate ze minder werden gebruikt, leken sommige woorden hun betekenis te verliezen. Andere woorden kwamen op en vonden ingang bij het beoordelen van individuen en hun gedrag, 'performance', 'uitdaging', 'winst'. 'Succes' ontpopte zich tot transcendente waarde, definieerde het 'Frankrijk van winnaars', mannen als Paul-Loup Sulitzer en Philippe de Villiers, en idoliseerde een figuur die 'zich had opgewerkt uit het niets', Bernard Tapie. Het was de tijd van de gladde tongen.

We geloofden ze niet. Als we in Nanterre vanaf het perron van het RER-station opkeken naar de bovenmaatse letters van het Nationaal Arbeidsbureau, op een bouwwerk van grijs beton naast de universiteit, liepen de rillingen ons over de rug. Er waren zo veel mannen en nu ook vrouwen die bedelden, dat je je op den duur afvroeg of het geen nieuw beroep was. Met de betaalpas werd geld onzichtbaar.

Al viel er niets te hopen, het gold als een aanbeveling om te laten zien dat je 'een warm hart' had, middels buttons, marsen, concerten en platen tegen honger, racisme en armoede en voor vrede op aarde, Solidarność, de Restos du Coeur, de vrijlating van Nelson Mandela en van journalist Jean-Paul Kaufmann.

De banlieues bestonden in de volksverbeelding in de schimmige vorm van betonblokken en modderige veldjes aan het einde van de bus- en RER-lijnen naar het noorden, trappenhuizen die naar urine stonken, gebroken ruiten en defecte liften, injectienaalden in de kelders. 'Banlieue-jongeren' vormden een afzonderlijke categorie naast andere jongeren, ze waren ongeciviliseerd, vagelijk angstwekkend en niet bijster Frans, al was Frankrijk hun geboortegrond; bewonderenswaardige leerkrachten, agenten en brandweerlieden 'waagden zich' moedig in hun territorium. De 'dialoog tussen de culturen' kwam erop neer dat hun manier van praten werd overgenomen en hun accent nageaapt, dat letters en lettergrepen werden omgewisseld zoals zij dat deden, bijvoorbeeld *meuf* voor *femme* of *tarpé* voor *pétard*. Ze hadden een collectieve naam gekregen, de *Beurs*, waarmee tegelijk hun oorsprong, hun huidskleur en hun manier van praten werd aangeduid. *Je parle la France*, werd er gegrapt. Ze waren met velen, we kenden ze niet.

Een extreem-rechtse figuur, Jean-Marie Le Pen, kwam weer bovendrijven, je herinnerde je hem jaren geleden te hebben gezien met net zo'n zwart ooglapje als Moshe Dayan.

Aan de stadsranden werd in gigantische, ook op zondag geopende loodsen en hallen bij duizenden schoeisel, gereedschap en meubilair te koop aangeboden. Zelfbedienings-warenhuizen breidden zich uit, winkelwagentjes werden vervangen door grotere karren, waarvan je nauwelijks de bodem kon aanraken als je vooroverboog. Je wisselde van tv-toestel om een scartaansluiting te hebben en een videorecorder. Het opkomen van nieuwe dingen maakte de mensen rustig, door de zekerheid van voortdurende vooruitgang verdween de behoefte om je die ook voor te stellen. Objecten werden niet meer onthaald op verrukking of angst, maar verwelkomd als een toename van individuele vrijheid en plezier. Met cd's hoefde je niet langer elk kwartier op te staan om de plaat om te draaien, dankzij de afstandsbediening kon je de hele avond op de bank blijven zitten. Met videocassettes werd de grote droom van de huisbioscoop werkelijkheid. Op Minitel raadpleegde je de telefoongids of de dienstregeling van de spoorwegen, las je je horoscoop en bezocht je erotische sites. Eindelijk kon je thuis alles doen zonder ook maar iemand iets te vragen, schaamteloos kijken naar close-ups van genitaliën en sperma. Het gevoel van verbazing verflauwde. Je vergat dat er een tijd was geweest waarin het volstrekt onmogelijk had geleken zoiets te zien. Nu zag je het. Verder niets. Alleen de voldoening dat je straffeloos toegang had tot pleziertjes die kort geleden nog verboden waren.

Met de walkman drong de muziek voor het eerst het lichaam binnen, je kon leven in de muziek en een muur voor de wereld optrekken.


Jongeren waren verstandig, over de meeste dingen waren ze het met ons eens. Ze schopten geen herrie op school, protesteerden niet tegen de lesprogramma's of het schoolreglement of het gezag, en ze berustten erin dat ze zich in de klas verveelden. Buiten school kwamen ze tot leven. Ze speelden op hun Atari-console, deden rollenspellen, dweepten met homecomputers en bedelden bij ons om de eerste versie, Oric-1, keken naar *Les Enfants du rock, Les Nuls, Bonsoir les clips*, lazen Stephen King en om ons plezier te doen het op scholieren gerichte tijdschrift *Phosphore*. Ze luisterden naar funk of hardrock of rockabilly. Met hun lp's en hun walkmans leefden ze in de muziek. Ze 'gingen uit hun dak' op wilde *teufs*, rookten zeker joints. Blokten. Hadden het niet vaak over hun toekomst. Ze trokken naar believen de koelkast en de keukenkasten open om op elk uur van de dag Danette-puddinkjes, Bolino-instantnoedels en boterhammen met Nutella te eten, sliepen thuis met hun vriendinnetje. Ze hadden geen tijd genoeg voor alles, sport, schilderen, de filmclub en schoolreisjes. Ze koesterden geen wrok tegen ons. Door journalisten werden ze de 'verloren generatie' genoemd.

Omdat ze sinds de kleuterschool gemengd onderwijs hadden gekregen, trokken jongens en meisjes, voor zover wij konden zien, in alle onschuld en gelijkwaardigheid rustig samen op. Allemaal spraken ze hetzelfde grove, ordinaire taaltje, maakten elkaar voor eikel uit en konden elkaars rug op. We vonden dat ze 'zichzelf' waren, dat ze 'ongedwongen' omgingen met alles wat ons op hun leeftijd had gekweld, seks, leerkrachten, ouders. Onze vragen aan hen stelden we behoedzaam, uit angst de beschuldiging op ons te laden dat we zeikerig deden en op hun zenuwen werkten. We gunden ze een vrijheid die we zelf ook graag hadden gehad, hoewel we nog steeds discreet waakten over hun gedrag en hun stiltes, zoals onze moeder dat bij ons had gedaan. We keken verbaasd en tevreden naar hun zelfstandigheid en hun onafhankelijkheid – als naar een verworvenheid in de geschiedenis van de generaties.

Op het vlak van tolerantie, antiracisme, pacifisme en milieuproblemen wisten zij het beter dan wij. Ze interesseerden zich niet voor politiek, maar namen alle genereuze slogans over, de speciaal voor hen gemaakte leus, *Touche pas à mon pote*, 'Blijf van mijn maat af', kochten de cd tegen de hongersnood in Ethiopië, demonstreerden mee met de *Beurs*. Ze bleken pietluttig principieel over het 'recht op verschil'. Hun kijk op de wereld was moreel. We mochten ze graag.

Tijdens feestlunches werden de verwijzingen naar het verleden steeds schaarser. Voor de jonge tafelgenoten was het niet interessant om de grote verhalen uit de tijd dat wij ter wereld waren gekomen op te rakelen, en wij verfoeiden oorlogen en de haat tussen de volken evenzeer als zij. We hadden het ook niet over Algerije, Chili, Vietnam, of over mei '68 en de strijd voor vrije abortus. We leefden exclusief in de tijd van onze kinderen.

De tijd van vroeger verdween van familietafels, vervloog uit de lichamen en stemmen van de getuigen. Die tijd was wel op tv, in archiefbeelden die werden becommentarieerd door een stem uit het niets. De 'herdenkingscultuur' werd tot burgerplicht, ze was een blijk van rechtvaardigheidszin, een nieuw patriottisme. Na ons veertig jaar lang te hebben neergelegd bij de onverschilligheid tegenover de genocide op de Joden – je kon niet zeggen dat er mensenmassa's waren afgekomen op *Nuit et brouillard*, en ook niet op de boeken van Primo Levi en Robert Antelme – dachten we dat we schaamte voelden, maar het was schaamte achteraf. Pas toen we *Shoah* zagen, werd het denken zich er met afgrijzen van bewust hoever de eigen potentiële onmenselijkheid reikte.

Mensen raakten in de ban van hun stamboom. Ze togen naar het gemeentehuis in hun geboortestreek, verzamelden geboortebewijzen en overlijdensakten, werden gefascineerd en ontgoocheld door zwijgende archieven waaruit alleen namen, data en beroepen tevoorschijn kwamen: Jacques-Napoléon

Thuillier, geboren op 3 juli 1807, dagloner, Florestine-Pélagie Chevalier, huisweefster. Ze hechtten zich aan erfstukken en familiefoto's, waren verbaasd hoeveel ze er in de jaren zeventig zonder spijt hadden gedumpt, terwijl ze er vandaag zo hevig naar verlangden. Ze hadden behoefte om te 'herbronnen'. Overal wilden mensen op zoek naar hun 'roots'.

Identiteit, wat tot dan toe alleen een verwijzing naar een kaart met pasfoto in je portefeuille was geweest, werd een overheersend thema. Niemand wist precies wat ermee werd bedoeld. In elk geval was het iets wat je moest hebben, herontdekken, veroveren, versterken, uitdrukken – een kostbaar, uiterst waardevol goed.

In het openbare leven bedekten vrouwen zich van hoofd tot voeten met een sluier.


Het lichaam, optimaal 'in vorm' gehouden met jogging, gym tonic en aerobic en innerlijk gezuiverd met Evianwater en yoghurtjes, zette zijn niet te stuiten opgang voort. Het denken zelf werd lichamelijk. Je werd geacht je seksueel volledig te 'ontplooien'. Je las *Le Traité des caresses* van dokter Leleu om je vaardigheden te perfectioneren. Vrouwen droegen opnieuw nylonkousen en korsetten en verklaarden dat ze dat in de eerste plaats 'voor zichzelf' deden. Van overal kwam de aanmaning dat je jezelf moest 'verwennen'.

Stellen van in de veertig keken naar pornofilms op Canal+. Ten overstaan van onvermoeibare pikken en geschoren vulva's in close-up werden ze bevangen door een soort technische begeerte, een verre vonk die geheel losstond van het vuur dat hen tien of twintig jaar eerder naar elkaar toedreef, toen ze niet eens tijd hadden om hun schoenen uit te trekken. Als ze klaarkwamen, zeiden ze 'ik kom', net als de acteurs. Ze sliepen in met het tevreden gevoel dat ze normaal waren.

De hoop, de verwachting verschoof van de dingen naar het behoud van lichamen, naar onveranderlijke jeugdigheid. Gezondheid was een recht, ziekte een onrecht dat zo vlug mogelijk moest worden hersteld.

Kinderen hadden geen maden meer en gingen haast nooit meer dood. Er werden nu vlotjes reageerbuisbaby's geboren, de versleten harten en nieren van de levenden werden vervangen door die van de doden.

Stront en dood moesten onzichtbaar blijven.

Er werd liever niet gepraat over pas opgekomen ziekten waarvoor geen behandeling bestond. Die met de Duits klinkende naam, alzheimer, waardoor ouderen er verwilderd gingen uitzien en namen en gezichten vergaten. Die andere, overgebracht door anale seks en injectiespuiten, een aan homo's en drugsverslaafden opgelegde straf of in zeldzame gevallen domme pech voor ontvangers van bloedtransfusies.

Het katholieke geloof was zonder bombarie uit het dagelijks leven verdwenen. Het werd binnen gezinnen niet meer doorgegeven, niet de kennis ervan, niet de gebruiken. Afgezien van een paar rituelen was het geloof geen onmisbaar blijk van fatsoen meer. Alsof het te veel was gebruikt, in de loop van twee millennia door miljarden gebeden, missen en processies versleten geraakt. De dagelijkse zonde, de doodzonde, de geboden van God en de Kerk, de genade en de theologale deugden, die begrippen behoorden tot een onbegrijpelijk geworden woordenschat en een achterhaald denkschema. Pikante grapjes over nonnen en schunnige liedjes over de pastoor van Camaret waren sinds de seksuele bevrijding uit de mode geraakt, onkuisheid was een achterhaalde zonde. De Kerk terroriseerde niet langer de verbeelding van geslachtsrijpe tieners en reglementeerde niet meer wanneer en met wie iemand seks kon hebben, de buik van vrouwen had zich aan kerkelijke controle onttrokken. Maar toen de Kerk seks verloor, haar voornaamste werkterrein, had ze alles verloren. Buiten de filosofieklas was God als idee niet langer steekhoudend en evenmin een serieus punt van discussie. In het hout van een lessenaar had een middelbare-schoolleerling geschreven: *God bestaat, ik heb erin getrapt.*

De roem van de nieuwe Poolse paus veranderde daar niets aan. Hij was de politieke held van de westerse vrijheid, een Lech Walesa op wereldschaal. Zijn Oost-Europese accent, zijn witte soutane, zijn 'wees niet bang' en hoe hij de grond kuste als hij uit een vliegtuig stapte, dat alles hoorde bij de show, zoals Madonna tijdens een concert haar slipje in het publiek gooide.

(De ouders van leerlingen van het katholieke privéonderwijs mochten dan op een warme zondag in maart massaal hebben gedemonstreerd, iedereen wist dat God daar niets mee had uit te staan. Het ging niet om religieus, maar om profaan geloof, om de zekerheid dat ze beschikten over een product dat hun kinderen de beste slaagkansen bood.)

Het is een videotape van dertig minuten, in februari '85 opgenomen in een klas van vijfdejaars op een lyceum in Vitry-sur-Seine. Zij is de vrouw die aan een tafel zit van het type dat sinds de jaren zestig in alle schoolinstellingen wordt gebruikt. Tegenover haar de leerlingen, in wanordelijke groepjes, voor het merendeel meisjes, ettelijke van Afrikaanse, Antilliaanse of Maghrebijnse afkomst. Sommigen zijn opgemaakt, dragen laag uitgesneden jumpers en grote oorringen.

Ze praat over schrijverschap en over het leven, over vrouw-
zijn, op lichtjes schelle toon, met aarzelingen, pauzes en her-
halingen, vooral wanneer haar iets wordt gevraagd. De nood-
zaak om maar niets onderbelicht te laten lijkt haar krachten te
boven te gaan, alsof ze wordt overweldigd door een totaliteit
die alleen zij waarneemt, en vervolgens zegt ze iets niet bijzonder origineels. Ze beweegt haar handen, die groot zijn,
strijkt ze veelvuldig door haar volle rosse haar, maar er is geen
spoor van de nervositeit of de schokkerige gebaren in de su-
per-8-film van dertien jaar daarvoor. Vergeleken met de foto
uit Spanje zijn de jukbeenderen minder opvallend, de kaaklijn
en het ovaal van het gezicht scherper getekend. Ze lacht, een
licht lachje, dat haar ontglipt – een uiting van verlegenheid of
het ongecontroleerde overblijfsel van een volkse tienertijd,
de houding van een giechelkont die haar eigen onbeduidend-
heid erkent – en dat contrasteert met de kalmte en ernst van
haar onbewogen gezicht. Ze draagt niet veel make-up, geen
poeder (haar huid glimt), een rode doek steekt in de kraag
van een plomp afkledende, hardgroene blouse. Het onderlichaam is onzichtbaar vanwege de tafel. Geen sieraden. Er
wordt haar gevraagd:
    Toen u zo oud was als wij, hoe stelde u zich toen uw toe-
komst voor? Wat hoopte u te bereiken?
    Het antwoord (traag): Daar zou ik over moeten naden-
ken... Eerst teruggaan naar toen ik zestien was, om zeker te
zijn... Zoiets kost minstens een uur. (De stem ineens scherp,
geprikkeld.) Jullie leven nu in '85, vrouwen kiezen zelf of ze
kinderen willen, wanneer ze die willen, buiten het huwelijk,
twintig jaar geleden was dat ondenkbaar!
    Waarschijnlijk voelt ze zich moedeloos worden in deze
'communicatiesituatie', waarin ze haar onvermogen peilt om
los van gangbare woorden en stereotypen de reikwijdte van
haar ervaring als vrouw tussen haar zestiende en haar vie-
renveertigste voelbaar te maken. (Ze zou zich er opnieuw

in moeten onderdompelen, langdurig moeten blijven stilstaan bij beelden van zichzelf in haar vijfde leerjaar, liedjes
en schriften moeten terugvinden, het dagboek moeten herle-
zen.)

Op dit moment van haar leven is ze gescheiden, ze leeft
alleen met haar twee zoons en heeft een geliefde. Het negen
jaar geleden gekochte buitenhuis en een aantal meubels heeft
ze moeten verkopen, dat viel haar verbazend genoeg niet
eens zwaar. Ze laat zich leiden door materiële onthechting
en vrijheidsdrang. Ze heeft het gevoel dat ze haar tienertijd
weer oppakt waar ze die had achtergelaten, alsof het huwelijk
maar een intermezzo is geweest, ze knoopt weer aan bij dezelfde verwachting, spoedt zich op dezelfde ademloze manier
op haar hoge hakken naar afspraakjes, is net zo ontvankelijk
voor liefdesliedjes. Dezelfde lusten, maar ditmaal zonder de
schaamte om ze volmaakt te bevredigen, ze durft te denken
'Ik heb zin om te neuken'. Datgene wat nu met de dwingende
instemming van haar lichaam werkelijkheid wordt, is de 'seksuele revolutie', de nu al oude omkering van de waarden van
vóór '68, al is ze er tegelijk ook van doordrongen hoe broos
de luister van haar leeftijd is. Ze is bang om oud te worden,
bang om de geur van het ooit opdrogende bloed te zullen
missen. Onlangs nog versteende ze van schrik toen ze een
overheidsbrief kreeg waarin haar werd gemeld dat haar huidige aanstelling van kracht was tot 2000. Tot nog toe had dat
jaartal niets werkelijks.

In gedachten is ze doorgaans niet met haar kinderen bezig,
zoals ze dat als kind of tiener ook niet met haar ouders was,
ze maken deel van haar uit. Omdat ze geen echtgenote meer
is, is ze niet meer dezelfde moeder, eerder een mix van zus-
ter, vriendin, animatrice en organisatrice van een dagelijks
leven dat sinds de scheiding lichter is geworden: iedereen eet
wanneer hij wil, met een dienblad op schoot voor de tv. Vaak

kijkt ze met verbazing naar hen. Zo is dus dat wachten tot ze opgroeiden, de havermoutpapjes met honing, de eerste dag naar de lagere school en later naar het *collège*, uitgemond in deze grote jongens van wie ze, dat beseft ze wel, niet veel weet. Zonder hen zou ze zichzelf niet in de tijd kunnen plaatsen. Als ze kinderen in een zandbak ziet spelen, verbaast het haar dat ze soms terugdenkt aan de kindertijd van haar eigen kroost en voelt hoe ver weg die al is.

De belangrijke momenten in haar huidige bestaan zijn de ontmoetingen met haar geliefde, 's middags in een hotelkamer in de Rue Danielle-Casanova, en de bezoekjes aan haar moeder in het verpleeghuis. Die ontmoetingen en bezoekjes zijn zo innig met elkaar verbonden dat ze soms maar om één persoon lijken te draaien. Alsof het strelen van de huid en het haar van haar verwarde moeder net zo'n soort aanraking is als het vrijen met haar geliefde. Ze ligt te soezen na de seks, tegen zijn massieve lichaam aan geschurkt, met op de achtergrond het geluid van auto's, en denkt aan andere keren waarop ze zo overdag op een bed heeft gelegen: 's zondags in Yvetot, toen ze als klein meisje tegen haar moeders rug lag te lezen, als au pair in Engeland, ingeduffeld in een deken naast een elektrische kachel, in Hotel Maisonnave in Pamplona. Telkens was er onvermijdelijk een moment waarop ze zich uit die toestand van zachte verdoving losmaakte, opstond, deed wat ze moest doen, de straat op ging, maatschappelijk bestond. Op zulke momenten denkt ze dat haar leven zou kunnen worden afgebeeld langs twee loodrecht op elkaar staande assen, de ene horizontaal, waarop alles is aangegeven wat ze heeft meegemaakt, wat ze op elk moment heeft gezien en gehoord, en de andere verticaal, met alleen maar een paar beelden erop die verzinken in de nacht.

Omdat ze in haar hervonden eenzaamheid gedachten en gevoelens ontdekt waar in het echtelijk leven een sluier over wordt geworpen, is ze op het idee gekomen te schrijven over 'zoiets als een vrouwelijke lotsbestemming' tussen 1940 en 1985, vergelijkbaar met *Une vie* van Maupassant, waarin het verstrijken van de tijd in haar en buiten haar, in de Geschiedenis, voelbaar zou worden, een 'totale roman', die zou uitmonden in het onthecht raken van mensen en dingen, ouders, echtgenoot, kinderen die het huis verlaten, verkochte meubels. Ze is bang te verdwalen in de vele facetten van de werkelijkheid die zou moeten worden omvat. En hoe moet ze een ordening aanbrengen in die verzamelde herinneringen aan gebeurtenissen en nieuwsfeiten, aan de duizenden dagen die haar voeren tot de huidige dag.

Nu al, gezien van deze afstand, blijft er van 8 mei 1981 alleen nog het beeld over van een middelbare vrouw die in een uitgestorven straat traag haar hond uitlaat, terwijl over precies twee minuten op alle televisie- en radiokanalen de naam van de volgende president van de Republiek zal worden bekendgemaakt – het beeld van Michel Rocard die als een cartesiaans duiveltje op het scherm verschijnt: Iedereen naar La Bastille!

En van het recente verleden:
eind juni, de dood van Michel Foucault, volgens *Le Monde* aan een bloedvergiftiging, vlak voor of vlak na de monsterbetoging van het privéonderwijs, waarin onnoemelijk veel plooirokken en witte blouses meeliepen – twee jaar eerder, de dood van Romy Schneider, die zo mooi was in *Les Choses de la vie*, voor het eerst gezien in *Mädchenjahre einer Königin*, hoewel het beeld toen telkens werd onderbroken door het hoofd van de jongen die haar kuste, op de achterste rij van de daartoe traditiegetrouw dienende bioscoop
de verkeersblokkades van vrachtwagenchauffeurs, een dag vóór de krokusvakantie
staalarbeiders – in haar geest waren ze gelieerd aan de Lip-arbeiders – die banden in brand staken op het spoor, terwijl zij

*De woorden en de dingen* zat te lezen in de tot stilstand gebrachte TGV

We voelden dat de terugkeer van rechts bij de verkiezingen nergens door kon worden tegengehouden. Dat het noodlot van de peilingen zich moest voltrekken en onverbiddelijk zou leiden tot die onbekende situatie, de zogeheten *cohabitation* van president en regering, als de vervulling van een heimelijk verlangen dat door de media maar al te graag werd opgepookt. Slecht betaalde, tijdelijke arbeidsplaatsen voor jongeren, de elegante Laurent Fabius die op tv door Chirac op zijn nummer werd gezet, Jaruzelski die met zijn zwarte maffiosobril werd ontvangen op het Élysée, de sabotage van de *Rainbow Warrior* – het leek of de linkse regering steevast de verkeerde keuzes maakte. Zelfs de gijzeling in Libanon, een conflict waar we niets van begrepen, viel verkeerd, de avond aan avond herhaalde vermaning dat Jean-Paul Kaufmann, Marcel Carton en Marcel Fontaine nog steeds gegijzeld waren begon te irriteren, wat konden wij eraan doen. Afhankelijk van welke kant ze waren, reageerden mensen agressief of geschokt. Zelfs de winters, die kouder waren dan gewoonlijk, met sneeuw in Parijs en vijfentwintig graden onder nul in Midden-Frankrijk, voorspelden weinig goeds. We werden omringd door stilgehouden aids-doden en weggekwijnde aids-overlevenden. Er kwam grote droefheid over ons. Elke avond beëindigde Pierre Desproges zijn *Chronique de la haine ordinaire* met de opmerking: 'Wat de maand maart betreft, en ik zeg dit zonder politieke bijgedachte, het zou me verwonderen als die de winter overleeft', en daarin hoorden we dat links de winter niet zou overleven.

Rechts keerde terug, maakte resoluut korte metten, denationaliseerde, schafte de overheidstoestemming op ontslag en de belasting op grote vermogens af. Die maatregelen maakten niet genoeg mensen gelukkig. We hielden weer van Mitterrand.

Simone de Beauvoir stierf, en Jean Genet, nee, we waren beslist niet blij met die maand april, het sneeuwde trouwens weer boven het Île-de-France. En evenmin met de maand mei, al wekte de ontploffing van een kerncentrale in de Sovjet-Unie bij ons geen overmatige bezorgdheid. Een ramp die de Russen niet verborgen hadden weten te houden, die op het conto moest worden geschreven van hun incompetentie en (al leek Gorbatsjov een aardige vent) van hun onmenselijkheid, net als de goelag – maar die ons niet raakte. Toen ze op een drukkende junimiddag uit hun eindexamens kwamen, kregen middelbare scholieren te horen dat Coluche zich net met zijn motor op een rustige weg had doodgereden.

Oorlogen gingen overal ter wereld hun gewone gang. De belangstelling die ze wekten, was omgekeerd evenredig aan de duur ervan en aan de afstand tot het strijdtoneel, en vooral afhankelijk van de vraag of er al dan niet westerlingen onder de protagonisten waren. Moeilijk te zeggen sinds wanneer de Iraniërs en de Irakezen elkaar uitmoordden, sinds wanneer de Russen de Afghanen probeerden klein te krijgen. Nog minder wisten we af van hun motieven, we waren er diep vanbinnen van overtuigd dat ze het zelf ook niet meer wisten, en zetten met de nodige aarzeling onze handtekening onder petities voor conflicten waarvan we de oorzaken waren vergeten. Tussen de facties die in Libanon met elkaar in de clinch lagen, raakten we de kluts kwijt, sjiieten en soennieten en daarbovenop nog christenen. Dat mensen elkaar uit geloofsijver konden afslachten, ging onze pet te boven, het bewees dat die volken in een inferieur stadium waren blijven steken. Het hele idee van oorlog had voor ons afgedaan. Je kwam geen jongens in uniform meer tegen, de militaire dienst was een corvee waar iedereen onderuit probeerde te komen. Antimilitarisme hoefde niet meer te worden gerechtvaardigd, Boris Vians lied over *Le Déserteur* verwees naar een vervlogen tijd. We hadden maar wat graag overal blauwhelmen willen zien, zodat er eeuwig vrede zou heersen. Wij waren beschaafd, steeds bewuster bezig met hygiëne en lichaamsverzorging, en we gebruikten producten om ons lichaam en onze woning van nare geurtjes te ontdoen. We grapten: 'God is dood, Marx is dood en zelf voel ik me ook niet lekker.' We waren ludiek.

Geïsoleerde terreurdaden, waarvan de aanstichters oplosten in het niet en de wereld afreisden, zoals Carlos, vonden plaats maar wekten weinig beroering. Van de eerste aanslag in september, vlak na het begin van het schooljaar, zouden we ons waarschijnlijk niets hebben herinnerd, als er een paar dagen later geen andere bommen waren ontploft, steeds op openbare plaatsen, waardoor we geen tijd hadden om van onze ontsteltenis te bekomen en de televisie geen tijd om de vorige aanslag uitputtend te behandelen. Later, toen we ons afvroegen op welk moment we het idee kregen dat ons door een onzichtbare vijand de oorlog was verklaard, dachten we terug aan de Rue de Rennes, die zo warme woensdagmiddag, de onmiddellijke telefoontjes naar familie en vrienden om er zeker van te zijn dat ze niet ter plekke waren toen een bom uit een langsrijdende BMW naar de Tati-winkel was gegooid en voorbijgangers had gedood. De mensen bleven zich met het openbaar vervoer verplaatsen, maar in de metro- en RER-wagons werd de lucht in stilte benauwender. Als we gingen zitten, monsterden we 'verdachte' sporttassen aan de voeten van medereizigers, vooral degenen die konden worden gerekend tot de groep die impliciet als schuldig voor de aanslagen was aangewezen, dat wil zeggen Arabieren. In het besef van de dood die op elk moment kon toeslaan, waren we ons plotseling met heftige intensiteit bewust van ons lichaam en van het heden.

We hielden rekening met andere bloedbaden en waren er zeker van dat de overheid die niet zou kunnen voorkomen. Er gebeurde niets. Na verloop van tijd vergaten we onze angst en controleerden we niet meer of er zich iets onder de zitplaatsen bevond. De vlaag explosies was ineens voorbij, zonder dat we wisten waarom, zoals we ook niet wisten waarom die was begonnen, maar hoe dan ook waren we zo opgelucht dat we ons daar niet mee bezighielden. De aanslagen tijdens de zogeheten 'bloedige week' vormden geen gebeurtenis, ze hadden aan het bestaan van het gros van de mensen niets veranderd, behalve in de manier waarop er buitenshuis een ongerust, noodlottig gevoel over ons kwam, dat verdween zodra het gevaar was geweken. We kenden de namen van de doden en de gewonden niet, ze vormden een anonieme categorie, de 'slachtoffers van de septemberaanslagen', met een subcategorie, de 'slachtoffers van de Rue de Rennes', omdat die laatsten het talrijkst waren en het nog afschuwelijker is om te sterven in een straat waar je een toevallige passant bent. (Uiteraard zouden we beter bekend zijn met de namen van de president-directeur van Renault, Georges Besse, en van generaal Audran, allebei afgeknald door een splintergroepje genaamd Action directe, waarvan we dachten dat ze zich in het decennium hadden vergist door in de voetsporen te treden van de Rode Brigades en de Baader-Meinhofgroep.)

Omdat het al eens eerder was gebeurd en omdat we het hadden meegemaakt, dachten we dat er iets belangrijks gaande was toen studenten en scholieren twee maanden later de straat op gingen om te protesteren tegen het wetsontwerp van Devaquet. We durfden niet te hopen, we waren opgetogen, mei '68 midden in de winter, we voelden ons in één klap stukken jonger. Maar we werden door hen op onze plaats gezet, op hun spandoeken stond *68 op jaren 86 je ware*. We namen het hun niet kwalijk, ze waren aardig, gooiden niet met straatstenen en spraken bedachtzaam op tv, zongen tijdens de betogingen coupletten die we verrukkelijk vonden op de wijs van *Il était un petit navire* en *Pirouette cacahouète* – je moest wel zo rechts zijn als Louis Pauwels om in *Le Figaro* te verklaren dat ze waren aangetast door 'mentale aids'. Voor het eerst zagen we de generatie na de onze in haar massale, indrukwekkende realiteit, meisjes in de voorste gelederen met jongens en *Beurs*, iedereen in jeans. Door hun hoeveelheid werden ze volwassen, waren we dan al zo oud. Een jongen van tweeëntwintig, op de foto's leek hij nog een kind, werd door de oproerpolitie in de Rue Monsieur-le-Prince doodgeranseld. Met duizenden liepen we in een stille tocht achter spandoeken met zijn naam, Malik Oussekine. De overheid trok de wet in, de betogers keerden terug naar de faculteit en naar school. Ze waren pragmatisch. Ze wilden de maatschappij niet veranderen, ze wilden er een goede plaats in bemachtigen en dat hun daarbij geen steen in de weg werd gelegd.

En hoewel wij heel goed wisten dat een 'vaste baan' en geld niet per se gelukkig maakten, konden we niet anders dan ook voor hen in de eerste plaats hopen dat hun dat geluk niet zou worden ontzegd.

Steden breidden zich steeds verder uit over het platteland, dat bedekt raakte met nieuwe, roze dorpen zonder moestuintjes of kippenrennen, waar honden niet vrij mochten rondlopen. Een fijnmazig snelwegennet doorsneed het landschap en verknoopte zich rond Parijs in lussen die een soort bovengrondse acht vormden. De mensen brachten steeds meer uren door in geruisloze, comfortabele auto's met grote ruiten en muziek.

Het was een tijdelijke habitat, die steeds persoonlijker en familialer werd, waarin onbekenden niet welkom waren – liften was iets uit het verleden –, waarin je zong, bekvechtte, met de blik strak op de weg je hart uitstortte, zonder je passagier aan te kijken, herinneringen ophaalde. De auto was een tegelijk open en gesloten ruimte, het bestaan van anderen in de wagens die je inhaalde bleef beperkt tot een vluchtig profiel; zag je die lichaamloze wezens na een ongeluk als ledenpoppen in hun stoel hangen, dan werden ze plotseling ijzingwekkend werkelijk.

Als je in je eentje lang op een vaste snelheid bleef rijden, verloor je door het automatisme van die sinds jaar en dag vertrouwde gebaren de gewaarwording van je lichaam, alsof de auto vanzelf reed. De valleitjes en vlakten gleden zonder wrijving in een weidse beweging voorbij. Je was alleen nog een blik in een doorzichtige cabine onderweg naar de verre, beweeglijke horizon, alleen nog een immens, fragiel bewustzijn dat de ruimte en, verder weg, de totaliteit van de wereld vulde. Soms bedacht je dat er maar een band hoefde te klappen, een hindernis hoefde op te duiken zoals in Sautets *Les Choses de la vie*, of het zou voorgoed verdwijnen.

Door de steeds jachtiger mediatijd werden we gedwongen aan de volgende presidentsverkiezingen te denken, de maanden en weken tot de volgende stembusgang te tellen. Mensen keken liever naar het politieke poppenspel van de *Bébête Show* op TF1, waar meer gecultiveerde kijkers smalend over deden – die waren eerder fan van *Les Nuls* op Canal+, 'grof, maar nooit vulgair', zoals het onderscheidende kenmerk doorgaans luidde –, droomden van een volgende vakantie als ze Desireless *Voyage voyage* hoorden zingen. Het was al erg genoeg dat we tegenwoordig bang moesten zijn om te vrijen, nu aids niet enkel een ziekte voor homo's en verslaafden was, zoals we hadden gedacht. Tussen de angst om zwanger te raken en de angst om seropositief te worden was het onbezorgde tijdsbestek naar onze smaak wel erg kort geweest.

Vergeleken met '81 ging het sowieso niet echt van harte, we verwachtten en hoopten niets meer, behielden alleen liever Mitterrand dan dat we Chirac kregen. Hij was Oompje, *Tonton*, een geruststellende figuur, een man van het centrum omringd door yuppie-ministers, rechtse mensen hadden van hem niets meer te vrezen. In de communistische partij zat nog maar weinig fut, die begon sinds Gorbatsjovs perestrojka en glasnost behoorlijk fossiel te lijken, was blijven hangen bij Brezjnev. Le Pen was een personage geworden 'waar je niet omheen kon', met een aanzuigend effect op de fascinatie en het afgrijzen van journalisten. Voor de helft van de mensen was hij 'de man die hardop zegt wat de Fransen stilletjes denken', namelijk dat er te veel migranten waren.

Door de herverkiezing van Mitterrand vonden we onze gemoedsrust terug. Je kon nog beter zonder de minste verwachting leven onder links dan je voortdurend over alles te moeten opwinden onder rechts. In het niet terug te draaien verglijden van de dagen zouden deze presidentsverkiezingen geen kantelmoment zijn, niet meer dan het achterdoek van een lente waarin ons ter ore kwam dat humorist Pierre Desproges aan kanker was gestorven, en waarin we luidkeels hadden gelachen, zoals we in lang niet hadden gedaan, om de families Groseille en Le Quesnoy in *La Vie est un long fleuve tranquille*, een film die speciaal leek te zijn gemaakt om stemmen te winnen voor Mitterrand. We zouden nauwelijks enige herinnering bewaren aan bijkomende gebeurtenissen die zijn herverkiezing ondersteunden: de bevrijding van de Libanese gijzelaars, een gebed zonder eind, de slachting onder Kanaakse gijzelnemers in de grot op Ouvéa – en ook het televisiedebat waarin Chirac Mitterrand had gesommeerd hem recht in de ogen te kijken en dan te verzekeren dat een vermoedelijke leugen waar was, waarbij we ongerust en daarna opgelucht waren dat die laatste niet zoals gewoonlijk met zijn ogen had geknipperd.

Er gebeurde inderdaad niets, alleen het beleidsmatige herschikken van de armoede met een nieuw soort bijstandsuitkering, het RMI, en de belofte dat de trappenhuizen in de woonkazernes een nieuw laagje verf zouden krijgen – het beleidsmatige organiseren van het leven van een bevolkingsgroep die groot genoeg was om als minderbedeelden te worden aangeduid. De liefdadigheid raakte geïnstitutionaliseerd. Bedelgedrag beperkte zich niet meer tot de grote steden, bereikte de ingang van provinciale supermarkten, de zomerse stranden. Er ontstonden nieuwe technieken – knielen met de armen wijd, discreet en met gedempte stem vragen om wat kleingeld –, nieuwe bedelriedels die sneller versleten raakten dan de door daklozen gedragen plastic zakken, het embleem van de maatschappelijke neergang. Personen 'zonder vaste verblijfplaats' maakten evengoed deel uit van het stedelijke decor als reclameborden. Mensen raakten ontmoedigd, te veel armen, ergerden zich aan hun machteloosheid, je kan toch niet iedereen wat geven, ontdeden zich van die last door sneller te gaan lopen bij het zien van de lichamen die in metrogangen roerloos op de grond lagen en hun voortgang dreigden te belemmeren. Op de staatsradio werden door industriële concerns hemelse boodschappen de ether in gestuurd, *Welkom in de wereld van Rhône-Poulenc, een wereld van uitdagingen*, je vroeg je af wie ze daarmee wilden bereiken.

We keken weg. Het door imam Khomeini uitgesproken doodvonnis over een schrijver van Indiase oorsprong, Salman Rushdie, wiens enige misstap was dat hij Mohammed had beledigd in zijn boek, ging de wereld rond en verbijsterde ons. (Ook de paus tekende doodvonnissen door het verbod op condooms, maar dat waren naamloze, uitgestelde doden.)

Meteen wekten drie meisjes die hardnekkig met een hoofddoek naar school bleven komen de indruk dat ze hoedsters waren van het obscurantistische, vrouwvijandige moslimfundamentalisme, waarmee ze eindelijk de mogelijkheid openden om te denken en te opperen dat Arabieren geen gewone migranten waren. Mensen kwamen erachter dat ze ook te aardig konden zijn, Michel Rocard had al behoorlijk veel gewetens gesust door te verklaren dat 'Frankrijk niet alle ellende van de wereld kan opnemen'.

Het nieuwe kwam uit het Oosten. Uitentreuren werden we in vervoering gebracht door de magische woorden perestrojka en glasnost. Ons beeld van de Sovjet-Unie veranderde, de goelag en de tanks in Praag raakten op de achtergrond, nu werden de overeenkomsten met ons en het Westen geïnventariseerd, persvrijheid, Freud, rock-'n-roll en jeans, de kapsels en mooie modieuze pakken van de 'nieuwe Russen'. We verwachtten, we hoopten, moeilijk te zeggen, een soort samensmelting van communisme en democratie, van de markt en van Lenins centraal geleide planeconomie, een Oktoberrevolutie die goed zou uitpakken. We ontstaken in geestdrift voor de Chinese studenten en hun ronde brilletjes met metalen montuur die samendromden op het Tiananmenplein. We geloofden erin, tot het moment dat de tanks, steeds die weer, opdoemen en een jongeman naar voren stapt, alleen en nietig – het beeld dat je tientallen keren zult zien, als het sublieme laatste beeld van een film –, allemaal op dezelfde zondag dat op Roland-Garros de finale werd gewonnen door Michael Chang, met als gevolg dat we de student van Tiananmen en de tennisspeler, hoe irritant ook met zijn kruistekens, uiteindelijk niet meer uit elkaar konden houden.

Op de avond van 14 juli '89, aan het einde van een warme grijze dag, zat je op de sofa te kijken naar het tweehonderdjarige feest van de Bestorming van de Bastille, met de kosmopolitische optocht van Jean-Paul Goude en de voice-over van Frédéric Mitterrand, en kreeg je de indruk dat alles wat er aan opstanden en revoluties op de wereld was gebeurd aan ons te danken was, van de afschaffing van de slavernij tot de werven van Gdansk en het Tiananmenplein. Je liet je blik over alle volken op aarde gaan, over elke vrijheidsstrijd uit verleden, heden en toekomst, stuk voor stuk waren ze finaal voortgekomen uit de Franse Revolutie. Op het moment dat Jessye Norman de Marseillaise aanhief, met haar rood-wit-blauwe jurk wapperend in de kunstmatige wind, werd je gegrepen door een oud, schools gevoel, een opwelling van glorie en Geschiedenis.

Oost-Duitsers staken de grenzen over, trokken met kaarsen in optocht rond de kerken om Honecker ten val te brengen. De Berlijnse Muur viel. Het was een snelle tijd, met tirannen die na een proces van een uur werden geëxecuteerd en massagraven waar gronderige lijken uit werden opgedolven. Wat er gebeurde tartte de verbeelding – we hadden dus echt gedacht dat het communisme onsterfelijk was – en onze emoties konden de werkelijkheid niet bijhouden. We voelden ons overweldigd door de gebeurtenissen, waren jaloers op de mensen in Oost-Europa omdat ze zulke momenten beleefden. Vervolgens zagen we hoe ze zich op de West-Berlijnse winkels stortten en maakten ze een zielige indruk op ons met hun vreselijke kleren en hun tassen vol bananen. Hun gebrek aan consumptie-ervaring was aandoenlijk. Daarna voelden we ons ongemakkelijk bij de aanblik van die collectieve honger naar materiële goederen, zonder terughoudendheid of onderscheidingsvermogen. Het had er alle schijn van dat ze de zuivere, abstracte vrijheid die wij hun hadden toegedacht niet aankonden. De bedruktheid die vaak over ons was gekomen bij volken 'onder het communistische juk', sloeg om in afkeurende observatie van de manier waarop ze met hun vrijheid omgingen. We vonden ze leuker toen ze nog in de rij stonden voor boeken of worst en van alles verstoken waren, zodat wij het geluk konden smaken, en ons de superioriteit konden aanmeten, dat we tot de 'vrije wereld' behoorden.

De mistige ongedifferentieerdheid van de wereld 'achter het ijzeren gordijn' maakte plaats voor afzonderlijke naties. Duitsland, waarover Mauriac had gezegd: 'Ik hou er zo veel van, ik ben blij dat er twee van zijn', was herenigd. Het eschatologische gerucht ging dat de politiek dood zou zijn. De komst van een 'nieuwe wereldorde' werd aangekondigd. Het einde van de Geschiedenis was nabij, de democratie zou zich over de hele aardbol verbreiden. Nooit hadden we met zoveel overtuiging geloofd dat de wereld een nieuwe richting in sloeg. Toen werd hartje zomer de slome vakantiesfeer door elkaar geschud. De enorme kop op de voorpagina's, 'Saddam Hoessein valt Koeweit binnen', deed denken aan een andere kop op dezelfde datum eenenvijftig jaar eerder, die vaak was gereproduceerd, 'Duitsland valt Polen binnen'. In luttele dagen schaarden de westerse mogendheden zich met krijgshaftig vertoon achter de Verenigde Staten, Frankrijk pronkte met het vliegdekschip Clémenceau en overwoog afgezwaaide soldaten terug te roepen, net als tijdens de Algerijnse oorlog. De Derde Wereldoorlog kon niet uitblijven als Saddam Hoessein zich niet terugtrok uit Koeweit.

Er was behoefte aan oorlog, alsof de mensen al veel te lang niets hadden meegemaakt en jaloers waren op de conflicten die ze alleen op tv hadden gevolgd. Een verlangen om aan te knopen bij de oude tragedie. Geschaard onder het vaandel van de druilerigste Amerikaanse president aller tijden gingen we de 'nieuwe Hitler' bestrijden. Pacifisten werden afgescheept met een verwijzing naar het Verdrag van München. De mensen waren betoverd door de simplificaties in de media en overtuigd van de technologische fijngevoeligheid van de bommen, ze geloofden in een 'schone oorlog', in 'intelligente wapens' en 'chirurgische aanvallen', een 'beschaafde oorlog', schreef *Libération*. Er woei een stevige wind van oorlogszucht en deugdzaamheid. 'Saddam op z'n donder geven' was gerechtvaardigd, het was de 'oorlog van het recht' en zonder dat iemand het zei, een rechtmatige kans om korte metten te maken met die ingewikkelde Arabische wereld – want intussen werkten de kinderen van die wereld in de banlieues en de gesluierde meisjes af en toe danig op de zenuwen, al hielden ze zich gelukkig nog koest.

Wij die gebroken hadden met Mitterrand toen hij op tv kwam opdraven en met vlakke stem verklaarde: 'De wapens zullen spreken', die gruwden van alle enthousiaste propaganda voor 'Desert Storm', wij hadden alleen de nieuwslezende poppen van *Les Guignols de l'info* om ons 's avonds op te monteren, en eens per week het blad *La Grosse Bertha*. In die mistige, koude maand januari waren de straten uitgestorven, de bioscopen en theaters leeg.

Saddam beloofde een geheimzinnige 'moeder aller veldslagen'. Die kwam niet. De oorlogsdoelen werden steeds duisterder. Bij bombardementen op Bagdad vielen duizenden doden, ze bleven onzichtbaar. De vijandelijkheden werden eerloos gestaakt op een zondag in februari, met vluchtende Irakese soldaten die verloren waren gelopen in het zand. De heisa eindigde zonder te eindigen, 'duivel' Saddam Hoessein was er nog steeds, Irak werd onder embargo geplaatst. Er ontstond een gevoel van gekrenktheid dat we ons hadden laten bedotten, van vernedering dat we onze gedachten en emoties dagenlang hadden gericht op een door CNN-propaganda bekokstoofd verzinsel. Over een 'nieuwe wereldorde' wilden we geen woord meer horen.

De Sovjet-Unie, waar niemand meer aan dacht, schudde de zomer wakker met een halfbakken staatsgreep van oude stalinistische houwdegens. Gorbatsjov was in diskrediet, de chaos werd aangekondigd en binnen een paar uur afgewend, dankzij een soort woesteling met kleine oogjes die als door een wonder op een tank was verschenen en werd toegejuicht als held van de vrijheid. Men liet er geen gras over groeien, de Sovjet-Unie verdween en werd de Russische Federatie, Boris Jeltsin was president, Leningrad heette weer Sint-Petersburg, heel handig voor wie zich wilde oriënteren in Dostojevski.

Meer dan ooit vormden vrouwen een groep die onder bewaking stond, met gedragingen, voorkeuren en verlangens die een constante stroom van commentaar, een ongedurige, juichende aandacht opriepen. Ze werden geacht 'alles te hebben bereikt', 'overal aanwezig te zijn' en 'het op school beter te doen dan de jongens'. Zoals gewoonlijk werden de blijken van hun emancipatie gezocht in hun lichaam, hun vestimentaire en seksuele durf. Dat ze naar eigen zeggen 'kerels versierden', hun fantasieën verklapten en zich in *Elle* afvroegen of ze 'goed in bed' waren, gold als bewijs voor hun vrijheid en hun gelijkheid met mannen. De onafgebroken uitstalling van hun borsten en dijen in de reclame moest worden begrepen als eerbetoon aan de schoonheid. Het feminisme was een verouderde, wraakzuchtige, humorloze ideologie, waar jonge vrouwen geen behoefte meer aan hadden en waar ze op neerkeken, want ze twijfelden niet aan hun kracht en hun gelijkheid. (Maar ze lazen nog altijd meer romans dan mannen, alsof ze aan hun leven per se een imaginaire vorm wilden geven.) 'Dank, mannen, dat jullie vrouwen beminnen', stond er als kop in een damesblad. De strijd die ze in het verleden hadden gevoerd, raakte vergeten, het was de enige maatschappelijke verworvenheid die niet officieel werd herdacht.

Met de pil waren ze de heerseressen over het leven geworden, en daar werd geen ruchtbaarheid aan gegeven.

Wij die ons in keukens hadden laten aborteren, die waren gescheiden, die hadden gedacht dat andere vrouwen iets zouden hebben aan onze pogingen om ons te bevrijden, werden nu door grote vermoeidheid overmand. We wisten niet meer of de vrouwenrevolutie wel had plaatsgehad. Na ons vijftigste zagen we nog steeds bloed. Het had niet meer dezelfde kleur en dezelfde geur als vroeger, het was een soort denkbeeldig bloed, maar we werden gerustgesteld door die regelmatige cadans van de tijd, die we konden volhouden tot de dood. We droegen jeans en slipjes, net zulke t-shirts als meisjes van vijftien, zeiden net als zij 'mijn vriendje' als we het hadden over onze vaste vriend. Hoe langer we leefden, hoe leeftijdlozer we ons voelden. Als we *Only you* of *Capri c'est fini* op Radio Nostalgie hoorden, werden we overspoeld door iets jeugdigs en zoets, het heden zwol aan en reikte tot onze twenties. Vergeleken met onze moeders, die zwetend opgesloten zaten in hun menopauze, hadden we het gevoel de tijd te verslaan.

(Jonge vrouwen droomden ervan een man aan zich te binden, die van vijftig en ouder, die er een hadden gehad, wilden geen man meer.)

Kinderen, vooral jongens, verlieten met moeite het ouderlijk huis, de volle koelkast, de gewassen kleren, de achtergrondruis van de kindertijd. Ze vreeën in alle onschuld in de kamer naast de onze. Ze rekten hun jeugd, de wereld zat niet op hen te wachten. En door hen te voeden, door zorg voor hen te blijven dragen, hadden wij het gevoel dat we nog steeds in dezelfde tijd leefden, dat er geen breuk was geweest.

Het is de foto van een vrouw, gezien van voren, van hoofd tot heupen, tegen de achtergrond van een tuin met struikgewas. Haar lange, blond-rosse haar ligt losjes over de kraag van een dikke zwarte mantel, die ruim valt en chic oogt. De slip van een snoeproze sjaal, eigenaardig smal aandoend ten opzichte van de jas, is over de linkerschouder geworpen. In haar handen houdt ze een zwart-witte huiskat van de gewoonste soort, en met haar hoofd wat opzij glimlacht ze, innig en verleidelijk, naar de lens. De lippen komen erg roze over, waarschijnlijk zijn ze aangezet met gloss in de tint van de sjaal. De scheiding vormt een lichtere strook, wat duidt op uitgroei van het haar. Het volle ovaal van het gezicht, de hoge jukbeenderen contrasteren door hun jeugdigheid met de wallen onder de ogen en het fijne netwerk van rimpels op het voorhoofd. Door de ruime jas valt niet te beoordelen hoe gevuld het lichaam is, maar de handen en polsen die uit de mouwen steken om de kat vast te houden zijn mager, met opvallende gewrichten. Het is een winterfoto, bleek zonlicht op de huid van gezicht en handen, droge graspollen, kale takken tegen een wazige achtergrond van vegetatie met in de verte een lijn van flatgebouwen. Op de achterkant: *Cergy, 3 februari '92.*

Ze straalt ingehouden losheid uit, 'rijp geluk', zoals de damesbladen zeggen over vrouwen van veertig tot vijfenvijftig jaar. De foto is genomen in de tuin, lager dan het huis, waar ze alleen woont met haar kat, feitelijk een poes van anderhalf. Tien jaar geleden woonden hier haar man, twee tienerzoons, ook haar moeder van tijd tot tijd. Ze was het middelpunt van een cirkel die zonder haar niet had kunnen draaien, van de beslissing om de lakens te wassen tot de hotelreserveringen op vakantie. Haar man is ver weg, hertrouwd, opnieuw vader, haar moeder is dood, haar zoons wonen elders. Onaangedaan constateert ze deze onthechting, als de uitkomst van een onontkoombaar proces. Wanneer ze boodschappen doet bij Auchan, hoeft ze geen winkelkarretje meer te nemen, een mandje volstaat. Haar functie van voedster oefent ze alleen nog uit in de weekenden waarin haar zoons thuiskomen. Buiten haar werkverplichtingen, lesgeven en huiswerk nakijken, besteedt ze haar tijd aan het beheer van haar persoonlijke voorkeuren en verlangens, lezen, films kijken, telefoneren, brieven schrijven en de liefde najagen. De niet-aflatende materiële en morele zorg voor anderen, kenmerkend voor haar huwelijks- en gezinsleven, is op de achtergrond geraakt. Ervoor in de plaats is een zekere belangstelling voor humanitaire acties gekomen, wat minder zwaar is. In dat losser worden van dwangen en beperkingen en dat opengaan van mogelijkheden voelt ze zich samenvallen met de tijdgeest, zoals die in *Elle* of *Marie Claire* wordt afgeschilderd voor vrouwen van in de dertig uit de midden- en hogere klasse.

Soms monstert ze zichzelf naakt in de badkamerspiegel, het smalle bovenlijf en de kleine borsten, de opvallend brede taille, de licht gebolde buik, de dijen zwaar met een verdikking vlak boven de knie, het geslacht goed zichtbaar nu het schaamhaar dunner is geworden, het spleetje klein vergeleken bij wat er in pornofilms wordt geëxhibeerd. Twee blauwe strepen vlak bij de liezen, sporen van haar zwangerschapsstriemen. Ze is verbaasd – ze heeft hetzelfde lijf gehouden sinds ze, rond haar zestiende, is gestopt met groeien.

Wat op het moment dat ze zo innig in de lens kijkt – waarschijnlijk wordt de foto genomen door een man – bepalend is voor haar zelfbeeld als vrouw, is dat ze drie jaar eerder een grote hartstocht voor een Rus heeft beleefd. Het verlangen en de pijn zijn verdwenen, al voelt ze nog steeds het stempel ervan, maar de gelaatstrekken van die man worden steeds schimmiger en droever. Ze zou zich willen herinneren hoe ze aan hem dacht toen hij Frankrijk verliet, hoe ze toen werd overspoeld door een golf van beelden, die zijn aanwezigheid in haar borg als in een tabernakel.

Van haar moeder herinnert ze zich de ogen, de handen, het silhouet, maar niet de stem, of alleen op een abstracte manier, zonder herkenbaar timbre. De echte stem is verloren, daarvan heeft ze geen enkel materieel spoor. Maar wel komen er vaak spontaan zinnen over haar lippen die haar moeder in dezelfde context gebruikte, uitdrukkingen waarvan ze zich niet kan herinneren ze eerder zelf te hebben gebruikt, ''t is een klam weertje', 'hij kletste uit zijn nekharen', 'niet te hard van stapel lopen, hoor' enzovoorts. Het is alsof haar moeder spreekt via haar mond, en met haar een heel geslacht. Andere keren duiken er zinnetjes op die haar moeder zei toen ze de ziekte van Alzheimer had en waaruit, juist omdat ze zo ongerijmd waren, haar aftakeling bleek, 'breng je wat lapjes, dan veeg ik er mijn gat mee af'. In een flits krijgt ze dan haar moeders lichaam en aanwezigheid weer helemaal terug. Anders dan die eerste zinnen, die vaker werden gebruikt, zijn deze zinnetjes uniek, voor altijd voorbehouden aan één enkele persoon op aarde, haar moeder.

Aan haar man denkt ze haast nooit, toch draagt ze de sporen van hun gedeelde leven en van de smaakvoorkeuren die ze aan hem heeft overgehouden met zich mee, Bach en gewijde muziek, het ochtendlijke glaasje jus d'orange enzovoorts. Wanneer haar beelden uit dat leven te binnen schieten – zoals Annecy, waar ze koortsachtig in de winkels van de oude buurten op zoek was naar ingrediënten voor een kerstdiner, ze was vijfentwintig, het was hun eerste Kerstmis met het kind – vraagt ze zich af: zou ik daar nog steeds willen zijn? Ze heeft zin om nee te zeggen, maar weet dat de vraag onzinnig is, dat geen enkele vraag zinnig is als het om dingen uit het verleden gaat.

Wanneer ze bij de kassa van de hypermarkt staat te wachten, denkt ze weleens aan alle eerdere keren dat ze zo met een al dan niet volgeladen winkelkarretje in de rij heeft gestaan. Ze ziet wazige vrouwengestalten, alleen of vergezeld van kinderen die rond het karretje darren, vrouwen zonder gezicht, onderling alleen verschillend door het kapsel – een dot in de nek, kortgeknipt haar, halflang haar, een pony-kapsel – en door de kleren – die maximantel uit de jaren zeventig, die zwarte driekwartjas uit de jaren tachtig – als beelden van zichzelf die zijn losgeraakt, uit elkaar geschoven als matroesjka's. Ze stelt zich voor dat ze hier over tien of vijftien jaar staat, haar winkelkarretje gevuld met snoep en speelgoed voor kleinkinderen die nog niet geboren zijn. Die vrouw lijkt voor haar even onwaarschijnlijk als voor het meisje van vijfentwintig de vrouw van veertig van wie zij het onvoorstelbaar vond dat ze die op een dag zou zijn, en die ze al niet meer is.

Als ze 's nachts wakker ligt, probeert ze zich in detail de kamers te herinneren waarin ze geslapen heeft, de kamer die ze tot aan haar dertiende met haar ouders deelde, die op de universiteitscampus, die van het appartement in Annecy met zicht op de begraafplaats. Ze neemt de deur als vertrekpunt en laat haar blik opnieuw systematisch over de muren glijden. De voorwerpen die opdoemen, zijn altijd verbonden met een bijzonder gebaar, een bijzonder feit, in de kamer van de vakantiekolonie waar ze jeugdleidster was, de spiegel van de wastafel waarop iemand met haar rode Émail Diamant tandpasta 'leve de hoeren' had geschreven, de blauwe lamp in de kamer in Rome, die haar een elektrische schok gaf als ze hem aandeed. In die kamers ziet ze zichzelf nooit scherp als op een foto, maar wazig, zoals in een film op een gecodeerde zender, ze ziet een gestalte, een kapsel, bewegingen – vooroverbuigend uit het raam, tijdens het haar wassen – en houdingen

167

– aan een bureau zittend, op een bed liggend – en soms lukt het haar te voelen dat ze opnieuw in haar lichaam van vroeger zit, maar niet zoals in een droom, eerder in een soort verheerlijkt lichaam, dat van het katholieke geloof, dat wordt geacht na de dood te herrijzen maar niets meer te voelen van pijn of plezier, koude of warmte, aandrang tot urineren. Ze weet niet wat ze zoekt in dat soort inventarisaties, misschien wil ze door het vergaren van herinnerde voorwerpen opnieuw worden wie ze op dat en dat tijdstip was.

Ze zou die veelsoortige, onderling gescheiden en dissonerende beelden bijeen willen brengen met de leidraad van een verhaal, dat van haar leven, vanaf haar geboorte tijdens de Tweede Wereldoorlog tot aan de huidige dag. Het leven van één bijzonder iemand dus, maar dat ook opgenomen is in de beweging van een generatie. Als ze daaraan wil beginnen, stuit ze telkens op dezelfde problemen: hoe verbeeld je tegelijkertijd het verstrijken van de historische tijd, de veranderingen van dingen, ideeën en zeden, en het strikt persoonlijke van die vrouw, hoe laat je het fresco van vijfenveertig jaar samenvallen met de zoektocht van een ik buiten de Geschiedenis, het ik van de opgeschorte momenten waarover ze op haar twintigste gedichten schreef met titels als 'Eenzaamheid'. Waar ze vooral over prakkiseert is de keuze tussen 'ik' en 'zij'. In 'ik' zit iets te permanents, iets bekrompens en verstikkends, en in 'zij' te veel uitwendigheid en verwijdering. Het beeld dat ze van haar boek heeft, zoals het nog niet bestaat, de indruk die het zou moeten geven, is wat ze destijds heeft gevoeld in *Gejaagd door de wind*, dat ze las op haar twaalfde, en later in *Op zoek naar de verloren tijd*, recenter in *Leven en lot*, een stroom van licht en schaduw die over gezichten valt. Maar hoe ze dat moet bereiken, heeft ze nog niet ontdekt. Ze hoopt op een openbaring, of als dat te veel gevraagd is, op een teken, afkomstig van het toeval, zoals de in de thee gedoopte madeleine dat was voor Marcel Proust.

Meer nog dan dat boek is de toekomst de volgende man die haar doet smachten, voor wie ze nieuwe kleren koopt, wacht op een brief, een telefoontje, een bericht op haar antwoordapparaat.

De opwinding van het wereldgebeuren was gaan liggen. We hadden genoeg van het onverwachte. Iets ontastbaars voerde ons mee. De ruimte van de ervaring raakte haar vertrouwde grenzen kwijt. Naarmate de jaartallen zich ophoopten, begonnen de jaren die als houvast dienden, '68 en '81, te vervluchtigen. De nieuwe breuklijn was de val van de Muur, zonder dat we daar een jaartal op hoefden te plakken. Die markeerde niet het einde van de Geschiedenis, wel het einde van de geschiedenis die we konden navertellen.

De landen in het midden en oosten van Europa – tot dan toe afwezig op onze mentale kaart – leken zich te vermenigvuldigen door zich voortdurend op te splitsen in 'etnische groepen', een term die ze van ons en van de serieuze volken onderscheidde, die suggereerde dat ze waren achtergebleven in hun ontwikkeling, wat werd bewezen doordat religies en intolerantie weer de kop opstaken.

Joegoslavië lag in puin, de kogels van sluipschutters, snipers, floten door de straten. Maar hoezeer onschuldige voorbijgangers ook lukraak door granaten werden neergemaaid, hoezeer duizend jaar oude bruggen ook werden verbrijzeld, hoezeer de oude 'nieuwe filosofen' ons ook de les lazen en uitentreuren 'Sarajevo ligt op twee uur van Parijs' herhaalden om ons een schuldgevoel aan te praten, we waren te moe, we hadden tijdens de Golfoorlog te veel van onze emoties gegeven en dan nog ongegrond. Het bewustzijn trok zijn voelhoorns in. We namen het de Kroaten, Kosovaren en anderen kwalijk dat ze elkaar uitmoordden als barbaren in plaats van ons voorbeeld te volgen. We voelden ons niet tot hetzelfde Europa behoren als zij.

Algerije was een bloedbad. Onder de gemaskerde gezichten van de gewapende islamisten van de GIA zagen we de gezichten van de FLN. Ook voor de Algerijnen gold dat ze hun vrijheid niet goed hadden gebruikt, maar dat was lang geleden, en het was alsof we sinds de Onafhankelijkheid eens en voor al hadden besloten daar niet meer aan te denken. Nog minder hadden we zin om belangstelling op te brengen voor wat er in Rwanda gaande was, want het lukte ons niet te onthouden wie van de Hutu's en de Tutsi's de goeden en de slechten waren. Altijd al hadden we ons verdoofd gevoeld als we aan Afrika dachten. Stilzwijgend waren we het erover eens dat Afrika zich in een tijd bevond die aan de onze voorafging, met barbaarse gebruiken en potentaten die in Frankrijk kastelen bezaten, er leek nooit een einde te komen aan de kwalen waaronder het gebukt ging. Het was het ontmoedigende continent.

Voor of tegen Maastricht stemmen was een abstracte handeling, we waren zelfs haast vergeten ons ervan te kwijten, in weerwil van de aanmaningen van een pressiegroep bijgenaamd 'de persoonlijkheden' – waarom zij een juistere kijk op de zaak hadden dan wij was niet duidelijk. Maar het was een gewoonte geworden dat prominente figuren dicteerden wat we moesten denken en doen. Uiteraard zou rechts bij de parlementsverkiezingen van maart links verslaan en opnieuw gaan cohabiteren met Mitterrand. Hij was een uitgeputte oude man met diepliggende, gloeiende ogen en een toonloze stem, het zittende wrak van een staatshoofd, uit zijn bekentenissen over zijn kanker en zijn geheime dochter bleek wel dat hij de politiek had afgezworen, waarna we in hem, los van zijn geschipper en geknoei, alleen nog de onheilspellende belichaming konden zien van de 'tijd die overschiet', zoals in het lied van Serge Reggiani. Hij vond nog de kracht om journalisten naar het hoofd te slingeren dat ze 'honden' waren toen zijn voormalige eerste minister Bérégovoy zich aan de oevers van de Loire een kogel door het hoofd schoot, al wisten we best dat de kleine Rus zich niet om een appartement van kant had gemaakt, maar omdat hij zijn oorsprong en zijn ideaal had verraden onder de vergulde plafonds van de Republiek – en slaafs alle mogelijke vernederingen had geslikt om daar te blijven.

Anomie won veld. De onwezenlijkheid van de taal nam toe, abstracte begrippen golden als een teken van intellectuele distinctie. Competitiviteit, precariteit, arbeidsmarktinzetbaarheid, flexibiliteit zetten de trend. We leefden in een opgeschoonde retoriek, waar we nauwelijks naar luisterden, met de afstandsbediening was de duur van de verveling ingekort.

De representatie van de samenleving viel uiteen in 'topics', vooral seksgerelateerde: partnerruil, transseksuelen, incest, pedofilie en naakte borsten op het strand, voor of tegen? Mensen kregen feiten en gedragingen onder ogen waarmee ze doorgaans geen persoonlijke ervaring hadden, maar die naar ze meenden wijdverbreid waren, of zelfs de norm, helemaal los van hun goed- of afkeuring. Bedgeheimen braken weg uit de sfeer van de anonieme lezersrubrieken en van de nachtelijke radiogesprekken in *Allô Macha*, ze werden nu verpersoonlijkt door lichamen en gezichten in close-up waar we onze ogen niet van af konden houden, verbaasd dat zo veel mensen aan duizenden televisiekijkers hun intieme verhalen durfden te vertellen, en blij dat we zoveel over het leven van anderen te weten kwamen. De maatschappelijke werkelijkheid was een zwak geroezemoes, overdekt door de euforie van reclamespots, peilingen en beursindexen, 'de economie trekt weer aan'.

Mensen die noodgedwongen uit de derde wereld en het

voormalige Oostblok waren aangekomen, werden op één hoop gegooid onder de dreigend klinkende benaming 'illegalen', bijeengedreven in het Arcadehotel op de luchthaven Parijs–Charles de Gaulle en door de Pasqua-wetten zo veel mogelijk teruggedrongen. Vergeten waren 'Blijf van mijn maat af' en 'immigratie, rijkdom van Frankrijk'. Er moest worden gestreden tegen 'wilde immigratie', de 'nationale cohesie' moest worden 'beschermd'. Michel Rocards zinnetje over de ellende van de wereld deed de ronde alsof het een oogverblindende evidentie was, de meeste mensen doorzagen de subtekst die niet mocht worden uitgesproken, er waren zo al meer dan genoeg migranten.

Bij de ideeën die werden afgewezen, behoorde de gedachte dat we inmiddels deel uitmaakten van een immigratiesamenleving. Jarenlang waren mensen blijven geloven dat de uit sub-Saharaans Afrika en uit de Maghreb afkomstige families die opeengepakt aan de randen van steden woonden alleen op doorreis waren, op een dag zouden ze met hun broed weer vertrekken naar waar ze vandaan waren gekomen, met achterlating van een spoor van exotisme en spijt, net als de verloren koloniën. Ze wisten nu dat ze zouden blijven. De 'derde generatie' kwam over als een nieuwe migratiegolf, een interne migratie, die opzwol en de steden omsloot, zich uitstortte over de middelbare scholen in de periferie, het Nationaal Arbeidsbureau, de RER-lijnen naar Noord-Parijs en de Champs-Élysées op oudejaarsavond. Een gevaarlijke bevolkingscategorie, nog steeds genegeerd en tegelijk voortdurend in de gaten gehouden, tot in haar gedachtewereld – ergerlijk genoeg was die op elders gericht, op Algerije en Palestina –, officieel 'jongeren met een migratieachtergrond' geheten en in het gewone leven Arabieren en zwarten, of ook wel, deugdzamer verwoord, *les Beurs* en *les Blacks*. Het waren informatici, secretaresses of bewakers, dat ze beweerden Fransen te zijn leek heimelijk ongerijmd, als een onrechtmatig verworven eretitel waarop ze nog geen aanspraak konden maken.

Winkelzaken kregen een steeds groter verkoopoppervlak en hun aantal breidde zich nu ook uit op het platteland, betonnen kubussen overdekt met uithangborden die vanaf de snelweg leesbaar waren. Plekken voor harde consumptie, waar de koophandeling zich in dorre soberheid voltrok, Sovjet-Russisch ogende bouwblokken die elk het totaalaanbod van alle beschikbare objecten in een gegeven productenrange bevatten, schoenen, kleren, doe-het-zelf, alles in monsterlijke hoeveelheden, en op de koop toe een McDonald's als beloning voor de kids. Verderop spreidde de hypermarkt zijn tweeduizend vierkante meter voedingsmiddelen en artikelen tentoon, elke categorie onderverdeeld in een tiental verschillende merken. Boodschappen doen vergde meer tijd en bracht meer complicaties met zich mee dan vroeger, vooral voor mensen die maandelijks maar een minimumloon te besteden hadden. De overvloed aan westerse rijkdom kon worden aanschouwd en betast in evenwijdige gangen vol koopwaar, en als je aan het begin van het middenpad stond, verdwaalde je blik in de verte. Maar de mensen keken zelden op.

Het was een plek voor vlugge, ongekende emoties, nieuwsgierigheid, verrassing, verbijstering, kooplust, weerzin – voor vlugge worstelingen tussen impuls en verstand. Op doordeweekse dagen was het de wandelbestemming voor een namiddag, een uitstapje voor gepensioneerde echtparen die traag hun winkelkarretje vulden. 's Zaterdags stroomden hele gezinnen toe en verlustigden zich onbekommerd in de nabijheid van de objecten van hun verlangen.

Of we bij het winkelen nu plezier of ergernis, zorgeloosheid of vertwijfeling voelden, iets wat wisselde met de dag, één ding was zeker: de magneetwerking van de aankoop van spullen – waarvan we vervolgens zeiden dat we 'niet meer zonder konden' – beheerste het leven meer en meer. Luisterend naar het laatste lied van Alain Souchon, *Foule sentimentale*, was het alsof we over honderd jaar naar onszelf keken, zoals de mensen die dan leefden ons zouden zien, en hadden we het weemoedige gevoel dat we niets konden veranderen aan wat ons meesleurde.

Toch stribbelden we tegen wanneer we de aanschaf van een nieuw apparaat overwogen, 'tot nu toe heb ik het toch zonder gedaan', we zouden lusteloos de gebruiksaanwijzing door moeten nemen, het ding moeten leren gebruiken, totdat we uiteindelijk zwichtten onder druk van anderen die hoog opgaven van de voordelen ervan, 'je zult zien, het verandert je leven' – alsof het een uitgave was waar we niet omheen konden op de weg naar meer vrijheid en geluk. Het eerste gebruik was intimiderend, maar dan kwamen er onbekende sensaties op, die meteen nadat ze waren ontstaan weer verdwenen en die je met de gewenning vergat; de verwarring om op het antwoordapparaat stemmen te horen die je als voorwerpen kon opslaan en tien keer achter elkaar kon beluisteren, de blinde vreugde om op het witte vel van de fax zojuist geschreven liefdeswoorden te zien verschijnen, die vreemde aanwezigheid van de afwezigen, die zo indringend was dat je haast het gevoel had te zondigen wanneer je niet opnam en het antwoordapparaat liet praten, verstijfd in de denkbeeldige vrees dat ze je konden horen als je lawaai maakte.

Er werd gezegd dat er binnenkort 'in elk huishouden een computer' zou staan, maar jij was niet van plan er een aan te schaffen. Het eerste apparaat waarvan je je de mindere voelde. Je liet het bedwingen ervan aan anderen over en benijdde ze erom.

Van alle geregistreerde angsten was de angst voor aids het sterkst. Uit de graatmagere, volledig gemetamorfoseerde gezichten van beroemde stervenden, van Hervé Guibert tot Freddie Mercury – die in zijn laatste clip zoveel knapper was dan eerder, met zijn konijnentanden –, bleek het bovennatuurlijke karakter van de 'plaag', het eerste teken van een over het einde van het millennium uitgesproken vloek, een laatste oordeel. We hielden afstand van seropositieven – drie miljoen op aarde – en in moralistische tv-spotjes deed de staat zijn best om ons ervan te overtuigen dat we ze niet als melaatsen mochten beschouwen. De door aids opgeroepen schaamte verving een andere, vergeten schaamte, die van het ongetrouwd zwangere meisje. Kreeg men het idee dat je de ziekte had, dan gold dat als een veroordeling: *Heeft Isabelle Adjani aids?* Alleen al een aidstest laten afnemen was verdacht, een bekentenis van schandelijk wangedrag. Je liet het stiekem onder nummer in het ziekenhuis doen, je keek je buren in de wachtkamer niet aan. Alleen wie tien jaar eerder door bloedtransfusie besmet was geraakt, had recht op compassie, en de mensen bezwoeren hun angst voor andermans bloed door te applaudisseren toen ministers en een arts op beschuldiging van 'vergiftiging' voor het Hooggerechtshof moesten verschijnen. Maar alles bij elkaar pasten we ons aan. Het werd een gewoonte om een condoom in je handtas te hebben. Je haalde het niet tevoorschijn, het idee dat je het ook zou gebruiken leek opeens overbodig, een belediging van je partner – waarna je meteen spijt kreeg, een test liet afnemen, op het resultaat wachtte met de zekerheid dat je ging sterven. Vernam je van niet, dan was het van een onbeschrijflijke schoonheid en rijkdom om domweg te bestaan, over straat te lopen. Maar tussen trouw en condoom moesten we kiezen. Net op het moment dat genot in elke denkbare vorm verplicht was, werd seksuele vrijheid onhaalbaar.

Tieners luisterden naar Lovin' Fun, het praatprogramma

met Le Doc en Difool op Fun Radio, ze waren in seks ondergedompeld en hielden hun geheimen voor zich.

Het aantal werklozen in Frankrijk was even groot als het aantal seropositieven wereldwijd. In kerken werden onder aan
heiligenbeelden smeekbeden neergelegd, 'maak dat mijn vader werk vindt'. Iedereen vroeg om het einde van de werkloosheid, die andere 'plaag', niemand geloofde erin, het was
een irrationele verwachting geworden, een ideaal dat in deze
wereld niet meer zou worden vervuld. Van overal kwamen
'krachtige' signalen (van vrede, economisch herstel, afname
van het aantal werkzoekenden), die in scène werden gezet
met handdrukken – die van Arafat en Ehud Barak. Of ze echt
waren of gespeeld, interesseerde ons niet. Niets kon tippen
aan het geluksgevoel waarmee je 's avonds, nadat je je elle-
bogen had gebruikt om als een van de eersten in de overvolle
RER-wagon te stappen, zo ver mogelijk was doorgedrongen
tot de bankjes in het middenpad, nog drie haltes rechtop-
staand had gewacht, eindelijk kon gaan zitten om je ogen te
sluiten – of kruiswoordraadsels op te lossen.

Tot ieders grote opluchting was er voor daklozen een nutteloze bezigheid gevonden, *Le Réverbère* of *La Rue* verkopen,
krantjes waarvan de inhoud even muffig oogde als de kleren
van de verkoper, en die je weggooide zonder ze te lezen. Een
schijnactiviteit, waarmee een schifting kon worden aangebracht tussen de goede daklozen, die werkwillig waren, en
de anderen, die ineengezakt een eindeloze roes lagen uit te
slapen op de banken van de metro of buiten naast hun hond.
In de zomer trokken ze naar het zuiden. Het werd hun door
burgemeesters verboden een liggende houding aan te nemen
in voetgangersstraten bestemd voor het ordentelijk functio-
neren van de detailhandel. Ettelijke daklozen stierven 's winters van de kou, 's zomers van de hitte.

De presidentsverkiezingen naderden, we verwachtten niet dat het leven (het collectieve leven en het leven als zodanig) erdoor ondersteboven zou worden gekeerd, Mitterrand had al onze hoop uitgeput. De enige die ons wel aansprak was Jacques Delors, ware het niet dat die zijn kandidatuur had ingetrokken nadat hij ons aan het lijntje had gehouden. Het was geen gebeurtenis meer, het was een ludieke entr'acte, een show met als hoofdrolspelers op tv drie tamelijk middelmatige figuren, twee miezerige mannetjes – de blaaskaak Balladur en de zuurpruim Jospin – en een razende malloot, Chirac, alsof ook het plechtige, ernstige karakter van de verkiezingen samen met Mitterrand was verdwenen. Later zou er van de kandidaten en hun verkiezingspraatjes minder blijven hangen dan van hun poppen elke avond op Canal+: Jospin als onschuldige Yo-Yo in een klein autootje op de kronkelige wegen van een toverland, Chirac als Abbé Pierre in monnikspij, Sarkozy als sluwe verrader, onderdanig knipmessend tegenover een Balladur met kropgezwel, communist Robert Hue die met zijn schoudertas uit de jaren zeventig door jongeren belachelijk werd gemaakt, en daarbij dan als soundtrack het hitje waarop de poppen uit een andere sketch van *Les Guignols* tekeergingen, *The Rhythm of the Night*. We geloofden nergens in, maar toen we uit de stralende koppen van de journalisten afleidden dat Chirac was verkozen, toen we goedgeklede jongelui en dames uit de betere buurten het zagen uitschreeuwen van vreugde, toen begrepen we dat het uit was met de pret. Het was zomers warm weer, families bleven hangen op de caféterrassen, morgen was het een vrije dag, het leek alsof er helemaal geen verkiezingen waren geweest.

Als je Chirac hoorde praten, moest je je best doen om tot je te laten doordringen dat hij president was, je moest de gewenning aan Mitterrand afleren. De jaren waarin hij onmerkbaar als achtergrond van het tijdvak had gediend, stolden tot een blok. Veertien jaar, je schrok ervan dat je zoveel ouder was geworden. Jongeren rekenden niet, hun kon het niet schelen. Mitterrand was hun eigen De Gaulle, ze waren met hem opgegroeid, veertien jaar was meer dan genoeg.

Midden jaren negentig, aan de tafel waar we voor een zondagmiddaglunch de binnenkort dertigjarige kinderen en hun vrienden-annex-vriendinnen hadden weten samen te brengen – niet dezelfde als vorig jaar, passagiers die amper in de familiekring waren opgenomen of ze hadden zich er alweer van losgemaakt – rond een lamsbout – of om het even welk ander gerecht waarvan we wisten dat ze het bij gebrek aan tijd, geld of culinaire vaardigheid alleen bij ons thuis zouden eten – en een Saint-Julien of een Chassagne-Montrachet – ter vorming van de smaak van die bier- en coladrinkers – deed het verleden er niet toe. Het door mannenstemmen overheerste gesprek had als meest serieuze onderwerp de vermogens van hun 'bak' – omdat we bij de betekenis van 'auto' waren blijven hangen, herkenden we daar maar met moeite een computer in –, de vergelijking van pc en Mac, van 'geheugens' en 'programma's'. We wachtten goedmoedig af tot ze klaar waren met hun afstotelijke geheimtaaltje, dat we allerminst wilden doorgronden, en terugkeerden naar de uitwisseling van gewone dingen. Ze hadden het over het laatste omslag van *Charlie Hebdo*, de laatste uitzending van *Arrêt sur images*, recente afleveringen van *The X-files*, noemden Amerikaanse en Japanse films, raadden ons aan te gaan kijken naar *C'est arrivé près de chez vous* en *Reservoir Dogs*, waarvan ze geestdriftig de openingsscène navertelden, dreven liefdevol de spot met onze muzikale smaak, die om te kotsen was, en stelden voor dat we de laatste plaat van Arthur H. zouden lenen. Ze becommentarieerden de actualiteit met de spotzieke toon van *Les Guignols* op Canal+, dat samen met *Libé* hun dagelijkse bron van informatie vormde, en vertikten het zich individueel ongeluk aan te trekken met een categorisch klinkend 'ieder zijn shit'. Ironische distantiëring van de wereld was hun grondhouding. Hun rake reacties en verbale lenigheid vonden we verbluffend, maar ook krenkend, we waren bang om traag en lomp over te komen. Dankzij hen konden we onze voorraad jongerentaal aanvullen, ze droegen het gebruik ervan welbewust op ons over, waardoor we in staat waren 'niet te kort' of 'crimineel goed' aan ons vocabulaire toe te voegen, de dingen net zo te verwoorden als zij.

Met de voldoening van een gelegenheidsvoedster zaten we te kijken hoe ze aten en zich nog eens opschepten. Later, bij de champagne, schoten hun herinneringen aan tv-uitzendingen, producten en reclamespots, kledingmodes uit hun kinder- en tienerjaren te binnen: bivakmutsen, opstrijkbare kniestukken tegen slijtage, de reclameleus 'Tonijn is fijn', de wc-vermaler Sanibroyeur sfa, Scholiertjes van lu, de tekenfilmreeks *Wacky Races*, Kiri de Clown, het radioprogramma *Wango Tango*, de strips van Laurel en Hardy enzovoorts. Ze troefden elkaar af met citaten, duikelden om het hardst dingen uit hun gedeelde verleden op, en bij dat aanspreken van een onafzienbaar, nutteloos geheugen zagen ze er even weer als jochies uit.

Het namiddaglicht was verschoven. De golven van opwinding ebden weg. Het voorstel voor een potje Scrabble, altijd een bron van ruzies, werd wijselijk verworpen. In de geur van koffie en sigaretten – de stilzwijgende afspraak was dat er geen cannabis voor de dag kwam – genoten we in alle rust van een ritueel waar we vroeger zozeer tegenop hadden gezien dat we er definitief een einde aan hadden willen maken – maar dat we ondanks de echtelijke breuk, het overlijden van de grootouders en de algehele verwijdering toch bleven voortzetten, met een wit tafelkleed, tafelzilver en gebraad, op die zondag in het voorjaar van '95. Kijkend en luisterend naar die volwassen geworden kinderen vroegen we ons af wat ons bond – niet het bloed, niet de genen, alleen een heden van duizenden samen doorgebrachte dagen, woorden en gebaren, maaltijden, autoritten, een schat aan gemeenschappelijke ervaringen die geen bewust spoor hadden nagelaten.

Bij het weggaan kusten ze ons viermaal op de wangen. 's Avonds dachten we eraan terug hoe fijn ze het hadden gevonden om met hun vrienden bij ons te komen eten – wij waren gelukkig dat we nog konden voorzien in hun oudste, fundamenteelste behoefte, voedsel. In onze bodemloze bezorgdheid om hen, die nog werd versterkt door het geloof dat wij op hun leeftijd sterker waren, zagen we hen als wankele wezens in een amorfe toekomst.

In de hitte van de laatste julidagen vernamen we dat er een bom was ontploft in metrostation Saint-Michel, met Chirac waren kennelijk ook de aanslagen terug. We hadden opnieuw de reflex om vrienden en verwanten te bellen, want totdat we hun stem hadden gehoord, waren we ervan overtuigd dat ze, van alle plekken waar ze hadden kunnen zijn, door het toeval juist daar, op dat specifieke moment, in die trein en die wagon van de RER, lijn B, waren neergezet. Er waren doden en gewonden, afgerukte benen. Maar de grote augustusvakantie kwam eraan, we hadden geen zin om bang te worden. We liepen door de metrogangen en werden door een luidsprekerstem aangespoord om in de steek gelaten pakketten te signaleren – allemaal verlieten we ons voor ons lijfsbehoud op de veiligheidsmaatregelen.

Een paar weken later, toen we al niet meer aan Saint-Michel dachten, werd er een reeks aanslagen voorkomen, steeds een curieus mengsel van met spijkers gevulde snelkookpannen en gasflessen, je volgde als in een film de jacht op een jongeman uit de banlieue van Lyon, 'de mysterieuze Kelkal', en zijn dood onder politiekogels nog voordat hij een woord had kunnen zeggen. Voor het eerst werd de zomertijd tot eind oktober verlengd. Het was een herfst vol warmte en licht. Wie, afgezien van de verwanten van de slachtoffers en de overlevenden, dacht nog terug aan de doden van station Saint-Michel, van wie de namen nergens geschreven stonden – waarschijnlijk om de metrogebruikers geen schrik aan te jagen, die waren toch al zo vreselijk gestrest door de vertragingen 'als gevolg van een technisch incident', van 'ernstige reizigersongelukken' –, doden die sneller werden vergeten dan die van de Rue de Rennes, nu toch alweer negen jaar geleden, en zelfs dan die van de Rue des Rosiers, nog verder terug. Feiten vervlogen voordat men eraan toekwam het verhaal te vertellen.

De onverschilligheid nam toe.


De wereld van commercie en reclamespots en de wereld van de politiek co-existeerden op televisie, maar raakten elkaar niet. In de ene heerste gemak en de lokroep van het genot, in de andere offers en verplichtingen, steeds dreigender klinkende formules, 'mondialisering van het ruilverkeer', 'vereiste modernisering'. Het was ons niet meteen gelukt Alain Juppé's plannen om het pensioen en de sociale zekerheid te hervormen te vertalen in beelden van het dagelijks leven en te begrijpen dat we werden verneukt, maar we waren het beu om op zo'n hautaine, neerbuigende toon het verwijt te krijgen dat we niet 'pragmatisch' waren. Pensioen en sociale zekerheid, die vormden de laatste blijken van staatsbekommernis, een soort houvast in alles wat werd weggevaagd.

Spoorwegarbeiders en postboden legden het werk neer, zo

ook leerkrachten en alle overheidsdiensten. De ringwegen rond Parijs en de grote steden zaten potdicht door onontwarbare verkeersopstoppingen, mensen kochten fietsen om zich te verplaatsen, liepen in gejaagde colonnes door het decemberdonker. Het was een volwassen staking, een winterstaking, somber en kalm, zonder geweld of euforie. We bevonden ons weer in de losstaande tijd van de grote stakingen, vertraging was de regel, samen met improvisatie en noodoplossingen. Er was iets mythisch in de lichamen en de gebaren, onverdroten voortstappen door Parijs zonder metro of bus was een herdenkingsdaad. Op de Gare de Lyon verbond de stem van Pierre Bourdieu '68 met '95. We geloofden weer. Nieuwe woorden prikkelden kalm de verbeelding, een 'andere wereld', het 'sociale Europa' ontwerpen. Mensen zeiden keer op keer dat ze al jaren niet meer zo met elkaar hadden gepraat, ze waren verrukt. De staking was meer taal dan actie. Juppé trok zijn plan in. Kerst kwam eraan. We moesten terugkeren tot onszelf en tot cadeaus, tot geduld. De decemberdagen sloten zich, ze vormden geen verhaal. Alleen het beeld van een massa in het donker voortploeterende mensen bleef hangen. We wisten niet of het de laatste grote staking van de eeuw was, of het begin van een ontwaken. Voor ons nam iets een aanvang, de versregels van Éluard vielen ons in: *ze waren maar met enkelen / op de hele aarde / ieder dacht alleen te zijn / plots waren ze een menigte.*

Tussen wat nog niet is en wat is, hapert het bewustzijn een kort ogenblik. We keken niet begrijpend naar de enorme kop van *Le Monde*, FRANÇOIS MITTERRAND IS DOOD. De menigte vormde zich net als in december opnieuw, op de Place de la Bastille, in het donker. We hadden nog steeds de behoefte om samen te zijn en we voelden eenzaamheid. Het schoot ons te binnen dat Mitterrand, toen hij op de avond van 10 mei '81 in het stadhuis van Château-Chinon vernam dat hij tot president van de Republiek was verkozen, had gefluisterd: 'Asjemenou.'

Onze zenuwen lagen bloot. Golven van angst, verontwaardiging en vrolijkheid trokken schuimkoppen over het effen oppervlak van de dagen. We aten geen vlees meer vanwege de 'gekkekoeienziekte', waaraan in het komende decennium duizenden mensen zouden bezwijken. We waren gechoqueerd toen we de deur van een kerk waar illegalen zich hadden verschanst met een bijl ingeslagen zagen worden. Mensen kwamen op de been door een opwellend besef van grof onrecht, door heftige gemoedsaandoeningen of gewetensnood. Honderdduizend betogers paradeerden vrolijk tegen het wetsvoorstel van Debré, dat het makkelijker maakte om buitenlanders het land uit te zetten, op hun rugzak prijkte een button met een zwarte koffer en de vraag: 'wie volgt?', die ze na afloop in een la opborgen als souvenir. We tekenden petities en vergaten waartegen, zelfs dat we ze hadden getekend, wie was die Abu-Jamal eigenlijk, we hadden geen benul. Van de ene dag op de andere kregen mensen er genoeg van. Uitbundigheid wisselde af met lusteloosheid, protest met instemming. Het woord 'strijd' was in diskrediet, alsof het riekte naar marxisme, inmiddels een voorwerp van spot, en 'opkomen voor je rechten' verwees nu in de eerste plaats naar de rechten van consumenten.

Bepaalde sentimenten raakten in onbruik, ze raakten je niet meer en het leek absurd er nog door te worden geraakt, zoals patriottisme of eer, ze hoorden bij minder ontwikkelde tijden en misleide bevolkingsgroepen. Schaamte, '*la honte*', in jongerentaal '*la tehon*', werd te pas en te onpas aangehaald maar was niet meer die van vroeger, hooguit een voorbijgaande ergernis, een kortstondig krasje op het ego – en 'respect' was vooral de eis dat anderen dat ego zouden erkennen. De woorden 'goedheid' en 'goede mensen' klonken niet meer. De trots op wat je doet werd vervangen door de trots op wat je bent, vrouw, gay, provinciaal, Jood, Arabier enzovoorts.

Het gevoel dat het sterkst werd aangemoedigd, was dat er een onbestemd gevaar heerste, verbonden met de verpixelde gestalten van de 'Roemeen', het 'tuig' uit de banlieues, de tasjesdief, de verkrachter en de pedofiel, de donkerhuidige terrorist, en met omgevingen als de gangen van de metro, de Gare du Nord, het departement Seine-Saint-Denis – een gevoel waarvan het werkelijkheidsgehalte werd gestaafd door tv-uitzendingen van TF1 en M6 en door mededelingen via de luidsprekers, 'opgelet er kunnen zakkenrollers actief zijn in dit station', 'signaleer elk onbewaakt pakket' – oftewel: onveiligheid.

Er was geen specifiek woord om het gevoel te omschrijven dat je je in een toestand van stagnatie en tegelijk van mutatie bevond. In dat algehele onvermogen om te bevatten wat er aan de hand was, begon er een woord van mond tot mond te gaan, 'waarden' (al gaf niemand aan welke precies), bij wijze van algehele afkeuring van jongeren, het onderwijs, pornografie, de geplande wet op het samenlevingscontract, cannabis en de achteruitgang van de spelvaardigheid. Andere stemmen staken dan weer de draak met de 'nieuwe morele orde', de 'politieke correctheid', het 'prefabdenken', hemelden transgressie op en prezen het cynisme van een Houellebecq. In tv-studio's kwamen de verschillende talen zonder al te veel misbaar met elkaar in botsing.

We werden duizelig van de zelfgetuigenissen, onvermoeibaar opgedist door journalisten als Mireille Dumas of Jean-Luc Delarue, damesbladen en het maandblad *Psychologies*, een vorm van weten waar niemand veel wijzer van werd, maar die iedereen het recht gaf om zijn of haar ouders ter verantwoording te roepen, en die de troost bood dat je je eigen ervaring kon laten overvloeien in die van anderen.

Doordat Chirac op het maffe idee kwam om het parlement te ontbinden, won links de verkiezingen en werd Jospin eerste minister. Het was een compensatie voor de teleurstellende avond in mei '95, een herinvoering van de politiek van het minste kwaad en van maatregelen die smaakten naar vrijheid en gelijkheid, naar grootmoedigheid, en die pasten bij ons verlangen om – allemaal zonder uitzondering – recht te hebben op de mooie dingen des levens: gezondheid, met de Universele Publieke Gezondheidszorg, tijd voor jezelf, met de vijfendertigurige werkweek, al bleef de rest hetzelfde. En we zouden de overgang naar het jaar 2000 niet hoeven mee te maken onder een rechtse regering.

Het consumptiekapitalisme verstrakte, drong zijn jachtige ritme op. Aankopen die van een barcode waren voorzien, gingen nog gezwinder dan vroeger van de transportband naar het winkelkarretje, met een discrete 'bliep' die de kosten van de transactie binnen de seconde deed verdwijnen. Artikelen voor het nieuwe schooljaar doken al in de schappen op nog voordat de kinderen op vakantie waren, kerstspeelgoed de dag na Allerheiligen en zwemkleding in februari. We werden door de tijd van de dingen aangezogen en gedwongen constant met een voorsprong van twee maanden te leven. Mensen kwamen toegestroomd naar de 'speciale openingen' op zondag, de avondopeningen tot 23 uur, en de eerste dag van de uitverkoop vormde een gebeurtenis waarover door de media werd bericht. 'Koopjes doen', 'voordeel pakken' was een niet ter discussie staand principe, een verplichting. Het winkelcentrum met zijn hypermarkt en zijn winkelgalerijen werd de belangrijkste plaats in het bestaan, je kon er onbegrensd opgaan in de aanschouwing van objecten, kalm en ongedwongen genieten, onder bescherming van bewakers met machtige spierbundels. Grootouders kwamen met het kleine grut kijken naar geiten en kippen die onder kunstlicht werden tentoongesteld op hun geurloze ligstro, de volgende dag vervangen door Bretonse specialiteiten of door in serie vervaardigde halskettingen en beeldjes die aan de man werden gebracht als 'Afrikaanse kunst', het enige wat er nog van de koloniale geschiedenis overbleef. Tieners – vooral als ze niet konden rekenen op enig ander middel om zich sociaal te onderscheiden – ontleenden persoonlijke waarde aan kleding- en cosmeticamerken, *L'Oréal – omdat je het waard bent*. En wij, hooghartige beschimpers van de consumptiemaatschappij, zwichtten voor de verleiding van een paar laarzen dat, net als de eerste zonnebril, de minirok en de wijde pijpen van weleer, kortstondig de illusie schonk dat je een nieuwe mens was geworden. Dat was het, en niet zozeer bezit, wat mensen najoegen voor de rekken van Zara en H&M, dat gevoel dat hun door de aankoop van nieuwe dingen onmiddellijk, zonder inspanning werd verschaft: een nieuwe staat van zijn.

En we werden niet ouder. De dingen om ons heen gingen geen van alle lang genoeg mee om te verouderen, ze werden binnen de kortste keren vervangen of aangepast. Ons geheugen kreeg niet de tijd om ze met bepaalde levensmomenten te verbinden.

Van alle nieuwe objecten was de 'mobiele telefoon' het wonderbaarlijkst, het verwarrendst. We hadden nooit gedacht dat we ooit zouden rondwandelen met een telefoon op zak, dat we op iedere plek en op elk moment zouden kunnen bellen. We vonden het vreemd dat mensen in hun eentje op straat liepen

te praten met hun telefoon aan hun oor. De eerste keer dat de
bel in onze handtas weerklonk, terwijl we in een RER-wagon
of bij de kassa van een supermarkt stonden, schrokken we op,
zochten koortsachtig, vol schaamte en onbehagen, naar het
OK-knopje, en terwijl we 'hallo' zeiden, en nog meer woorden die niet voor anderen bestemd waren, werd hun aandacht
plotseling naar ons lichaam getrokken. Wanneer wij daarentegen vlakbij de stem van een onbekende een oproep hoorden
beantwoorden, ergerde het ons dat we de gevangene waren
van een bestaan dat het onze waardeloos achtte, maar ons wel
zijn petieterige alledaagsheid opdrong, de banaliteit van zorgen en verlangens die tot dan toe opgesloten waren gebleven
in telefooncellen of flats.

De ware technologische moed hield in dat je de 'overstap'
naar de computer waagde, die een verhoogde graad van toegang tot de moderniteit waarborgde en een andere, nieuwe
intelligentie schonk. Een bazig object, dat snelle reacties en
ongewoon nauwkeurige handbewegingen vereiste, en dat
voortdurend in onbegrijpelijk Engels 'options' aanreikte
waarnaar je je zonder verwijl te voegen had – een onverbiddelijk, kwaadaardig object, dat de net door jou geschreven brief
verborg in de geheime diepten van zijn buik en dat je voortdurend in het verderf stortte. Dat je vernederde. Waartegen
je in opstand kwam, 'wat flikt-ie me nou weer!' De ontred-
dering bleef niet duren. Je kocht een modem om toegang tot
internet en een e-mailadres te hebben, je stond ervan versteld
dat je met AltaVista over de hele wereld 'navigeerde'.

In nieuwe objecten zat iets gewelddadigs voor lichaam en
geest dat door het gebruik snel werd uitgewist. Ze werden
licht. (Zoals dat altijd gaat, konden kinderen en tieners er
makkelijk mee overweg, zonder zich veel vragen te stellen.)

De schrijfmachine met zijn geratel en zijn accessoires, correctievloeistof, stencil en carbonpapier, behoorde in onze ogen tot een ver, onvoorstelbaar geworden verleden. Maar als je opnieuw voor je zag hoe je een paar jaar eerder in de toiletten van een café aan het bellen was met x, hoe je op een avond een brief voor p aan het tikken was op de Olivetti, moest je wel toegeven dat de afwezigheid van een mobieltje en van e-mail geen enkele rol speelde in het geluk of het verdriet van het leven.

Tegen een bleekblauwe hemel en een bijna uitgestorven zandstrand, gerimpeld als een doorploegde akker, staat op de voorgrond een groepje dicht bijeen, twee vrouwen en twee mannen, hun vier gezichten worden door de van links invallende zon elk onderverdeeld in een donker en een licht vlak. De twee mannen in het midden lijken op elkaar, rond de dertig, dezelfde grootte, dezelfde lichaamsbouw, beginnende kaalheid bij de een, gevorderde kaalheid bij de ander, dezelfde driedagenbaard. De man rechts heeft zijn arm om de schouder geslagen van een tengere jonge vrouw met zwart haar dat de ogen en volle wangen omlijst. De andere vrouw, helemaal links, is van onbepaalde rijpere leeftijd – rimpels in het door het licht aangeraakte voorhoofd, roze vlekken blush op de konen, onscherpe contouren van het gezicht – en met haar ponykapsel, beige trui waarover een losjes geknoopte foulard, parel in het oor en tas over de schouder, ziet ze eruit als een welgestelde stadsbewoonster die een weekend doorbrengt aan de Normandische kust.

Ze heeft de vriendelijke, afstandelijke glimlach van ouders of leerkrachten die in hun eentje naast jonge mensen worden gefotografeerd (waarmee ze laten zien dat ze zich heel goed bewust zijn van het generatieverschil).

Alle vier staan ze frontaal voor de lens, met hun lichaam en gezicht in de onbeweeglijke houding die sinds het begin van de fotografie niet is veranderd, om ervan te getuigen dat ze daar samen zijn geweest, op dezelfde plek en dezelfde dag, en met geen andere gedachten dan het besef dat ze een 'fijn moment' delen. Op de achterkant: *Trouville, maart 1999*.

Zij is de vrouw met blush, de twee dertigers zijn haar zoons, de jonge vrouw het vriendinnetje van de oudste, het vriendinnetje van de jongste neemt de foto. Omdat ze intussen de hoogste salarisschaal heeft bereikt en het bijpassende gerieflijke inkomen geniet, trakteert zij allen op dit weekend aan zee, uit een verlangen om te blijven instaan voor het materiële geluk van haar kinderen, om hun eventuele levenspijn, waarvoor ze zich verantwoordelijk voelt omdat ze hen op de wereld heeft gezet, te compenseren. Ze heeft zich erbij neergelegd dat ze ondanks hun universiteitsdiploma's rondkomen van tijdelijke arbeidscontracten, werkloosheidsuitkeringen en freelance werk, en dat ze leven van maand tot maand, in een zuiver heden van muziek, Amerikaanse series en videogames, alsof ze nooit iets anders willen dan een bestaan van studenten of berooide kunstenaars, net als de bohemiens van weleer, zo ver verwijderd van het 'gesettelde leven' dat zij zelf op hun leeftijd heeft geleid. (Ze weet niet of hun maatschappelijke zorgeloosheid echt is of gespeeld.)

Ze hebben gewandeld tot het Hôtel des Roches Noires, tot de naar Marguerite Duras vernoemde trap, en weer terug. Tijdens die trage, ongericht contemplatieve groepswandeling, die ongeordende, onderbroken afstemming op elkaars tred, voelde ze misschien, kijkend naar de ruggen en benen van haar zoons die met hun vriendinnen voor haar uit liepen, luisterend naar hun diepe stemmen, iets van ongeloof. Hoe is het mogelijk dat die mannen haar kinderen zijn? (Het feit dat ze ze in haar baarmoeder had gedragen, leek haar geen genoegzame reden.) Heeft ze zonder het te beseffen niet hetzelfde dubbele bestaan als haar ouders willen leiden, waarbij ze vóór zich heeft liggen wat achter haar lag, om evenveel verankering in de wereld te voelen? En misschien schoot haar op dat strand te binnen wat haar moeder vaak bewonderend en verbluft uitriep, als ze haar zag aankomen met haar tienerjongens aan haar zij: 'Wat een grote kerels!', alsof het niet te geloven was dat haar dochter de moeder was geworden van twee potige knullen die al een kop groter waren dan zij, en haast ongepast dat er niet twee vrouwelijke, maar twee mannelijke schepsels waren gegroeid in de schoot van degene die ze zag en altijd zou blijven zien als haar kleine meid.

Net als bij de andere, sporadisch voorkomende gelegenheden waarin ze met hen samen is, wanneer ze opnieuw voor even de moederrol op zich neemt, voelt ze ook nu vast weer hoe ontoereikend de moederband is, hoe levensnoodzakelijk het voor haar is om een geliefde te hebben, om met iemand intiem te zijn op een manier die alleen door de geslachtsdaad wordt bewerkstelligd, wat haar ook troost biedt tijdens de voorbijgaande conflicten met hen. De jongeman die ze in andere weekenden gaat opzoeken, vindt ze vaak saai, werkt haar op de zenuwen wanneer hij op zondagochtend zo nodig naar *Téléfoot* moet kijken, maar hem opgeven zou betekenen dat ze de onbeduidende dingen die ze in de loop van een dag doet en meemaakt niet langer met iemand deelt, dat ze het dagelijks leven niet langer onder woorden brengt. Het zou ook betekenen dat ze nergens meer op wacht, dat ze naar de kanten strings en de kousen in de ladekast zou kijken en zou beseffen dat die nutteloos zijn geworden, dat ze Gainsbourgs *Sea, Sex and Sun* zou horen en zich verbannen zou voelen uit een hele wereld van gebaren, verlangens en vermoeidheid, dat ze van toekomst beroofd zou zijn. Als ze zich op zo'n moment verbeeldt hoe ze dat zou missen, voelt ze meteen ook een heftige genegenheid voor die jongen, als voor een 'laatste liefde'.

Denkt ze over die relatie na, dan weet ze wel dat seks, tenminste wat haar betreft, niet het voornaamste element ervan is; dankzij die jongen kan ze opnieuw iets beleven waarvan ze niet had gedacht dat ze het ooit nog zou beleven. Wanneer hij haar mee uit eten neemt in de Jumbo, of haar met muziek van The Doors ontvangt en ze de liefde bedrijven op een matras op de grond van zijn ijskoude eenkamerappartement, heeft ze het gevoel dat ze scènes uit haar studentenbestaan naspeelt, momenten die al eerder hebben plaatsgevonden. Het is niet menens meer, en tegelijk geeft die herhaling iets tastbaars aan haar jeugd, aan de eerste ervaringen, 'eerste keren' die onbegrijpelijk waren toen ze ze in een staat van verbijstering meemaakte. Ook nu zijn ze onbegrijpelijk, maar herhaling vult de leegte en geeft de illusie van een vervulling. In haar dagboek: 'Hij heeft me losgerukt van mijn generatie. Maar ik behoor niet tot de zijne. Ik ben nergens meer in de tijd. Hij is de engel die het verleden weer tot leven brengt, die vereeuwigt.'

Vaak, als ze op zondagmiddagen tegen hem aan ligt, in de halfslaap die op het vrijen volgt, zinkt ze weg in een merkwaardige toestand. Ze weet niet meer van waar, uit welke stad, de geluiden uit de buitenwereld – auto's, voetstappen, woorden – afkomstig zijn. Ze bevindt zich tegelijk in haar box van het meisjestehuis, in een hotelkamer – in Spanje in de zomer van '80, in de winter in Lille met P –, in bed, als kind, dicht tegen haar slapende moeder aangekropen. Ze voelt zich terugkeren naar verschillende momenten in haar leven, die losjes boven elkaar zweven. Haar bewustzijn en ook haar lichaam worden bevangen door een tijd van onbekende aard, een tijd waarin heden en verleden overlappen zonder in elkaar op te gaan, waarin het wel lijkt alsof ze vluchtig opnieuw alle gedaanten aanneemt van de persoon die ze is geweest. Dat gevoel kent ze, het is al eerder over haar gekomen – misschien kunnen drugs iets soortgelijks opwekken, maar die heeft ze nooit gebruikt, want het genot van een helder hoofd is voor haar belangrijker dan al het andere – en ze maakt het nu mee in een soort uitvergrote, vertraagde vorm. Ze heeft dat gevoel een naam gegeven, palimpsestgevoel, hoewel het woord niet helemaal toepasselijk is als ze zich op de woordenboekdefinitie verlaat, 'manuscript dat wordt afgekrabd om er opnieuw op te kunnen schrijven'. Ze ziet er een mogelijk instrument van kennis in, niet alleen voor haarzelf, maar in algemene, haast wetenschappelijke zin – kennis waarvan, dat weet ze niet. In haar project om te schrijven over een vrouw die van 1940 tot heden heeft geleefd, waar ze steeds sterker door wordt gegrepen, tegelijk met de verslagenheid, zelfs het schuldbesef dat ze het niet waarmaakt, zou ze willen openen met dat gevoel, waarschijnlijk onder invloed van Proust, vanuit de behoefte om wat ze onderneemt op een echte ervaring te baseren.

Het gevoel in kwestie trekt haar stukje bij beetje weg van de woorden en van elke taal, terug naar haar vroegste, herinneringloze jaren, de roze warmte van de wieg, via een reeks repeterende verten – die van *Birthday*, het schilderij van Dorothea Tanning –, het lost alles op wat ze heeft gedaan en wat er is gebeurd, alles wat ze heeft geleerd, gedacht, begeerd, alles wat haar dwars door de jaren naar deze plek hier heeft gevoerd, in dit bed met deze jonge man, het wist haar geschiedenis uit. Terwijl zij in haar boek juist alles zou willen redden, alles wat voortdurend om haar heen is geweest. Haar *omstandigheid* zou ze willen redden. Behoort dat gevoel zelf niet tot de geschiedenis, tot de veranderingen in het leven van vrouwen en mannen die het überhaupt mogelijk maken dat een vrouw van achtenvijftig zoiets voelt bij een man van negenentwintig, en dat zonder het minste idee van zondigheid, en trouwens ook niet van trots? Ze vraag zich af of dit 'palimpsestgevoel' een beter heuristisch vermogen heeft dan een ander gevoel dat haar ook vaak bekruipt, namelijk dat haar bestaan, haar 'ikken', zich bevinden in de personages van boeken en films, dat zij de vrouw is uit *Sue lost in Manhattan* en uit *Claire Dolan*, die ze onlangs heeft gezien, of Jane Eyre, of Molly Bloom – of Dalida.

Volgend jaar gaat ze met pensioen. Nu al gooit ze cursusstof weg, aantekeningen over boeken en naslagwerken waarmee ze haar lessen heeft voorbereid, ze ontdoet zich van wat de verpakking van haar leven is geweest, alsof ze schoon schip wil maken en alle ruimte wil geven aan haar schrijfproject, nu ze geen enkele reden meer kan aanvoeren om het voor zich uit te schuiven. Bij het opruimen is ze gestuit op een zin uit het begin van *Vie de Henry Brulard*: 'Ik word binnenkort vijftig, ik zou mezelf inmiddels toch moeten kennen.' Toen ze die zin overschreef, was ze zevenendertig – ze heeft Stendhal ingehaald en is nu ouder dan hij.

Het jaar 2000 kwam dichterbij. We konden haast niet geloven dat wij het mochten meemaken. We vonden het jammer als mensen stierven voor het zover was. We konden ons niet voorstellen dat de overgang vlot zou verlopen, er werd een 'millenniumbug' aangekondigd, een wereldomvattende ontregeling, een soort zwart gat dat de weg bereidde voor het einde van de wereld, een terugval in de barbarij van de instincten. De twintigste eeuw sloot zich achter ons en overal werd de balans opgemaakt, alles werd geïnventariseerd, geklasseerd en geëvalueerd, ontdekkingen, literaire en artistieke oeuvres, oorlogen, ideologieën, alsof we de eenentwintigste eeuw moesten betreden met een schoongewreven geheugen. Het was een soort plechtige, beschuldigende tijd – wij waren overal aansprakelijk voor – die boven ons uittorende en ons beroofde van onze eigen herinneringen, van datgene wat voor ons nooit zoiets totaals als 'de eeuw' was geweest, maar alleen een verglijden van meer of minder markante jaren, afhankelijk van wat er in ons leven veranderde. In de eeuw die ging komen, zouden de mensen die we in onze kindertijd hadden gekend en die gestorven waren, ouders en grootouders, definitief dood zijn.

De zojuist verstreken jaren negentig hadden geen speciale betekenis, het waren jaren van ontnuchtering. Als je zag wat er in Irak gebeurde – dat door de vs werd uitgehongerd en regelmatig bedreigd met 'luchtaanvallen', waar kinderen doodgingen bij gebrek aan medicijnen –, in Gaza en op de Westelijke Jordaanoever, in Tsjetsjenië, in Kosovo, in Algerije enzovoorts, dacht je liever niet terug aan de handdruk tussen Arafat en Clinton in Camp David, aan de aangekondigde 'nieuwe wereldorde' en ook niet aan Jeltsin op zijn tank, eigenlijk was er maar weinig waaraan je wou terugdenken, of alleen aan de mistige avonden in december '95, die al veraf waren, waarschijnlijk de laatste grote staking van de eeuw. En eventueel aan de mooie ongelukkige prinses Diana, dodelijk verongelukt onder de Pont de l'Alma, aan Monica Lewinsky's blauwe jurk, bevlekt met het sperma van Bill Clinton. Vóór alles aan het Wereldkampioenschap voetbal. Mensen zouden het graag opnieuw meemaken, het wekenlange wachten, het samendrommen voor de tv in stille steden met kriskras rondraggende pizzakoeriers, alles wat van wedstrijd tot wedstrijd leidde tot die zondag en tot dat moment waarop we, schreeuwend en jubelend, wisten dat we allemaal samen hadden kunnen sterven van geluk omdat we hadden gewonnen (alleen was dat juist het tegendeel van de dood), het herontdekken van de grote overgave aan één enkel verlangen, één enkel beeld, één enkel verhaal – de verblindende dagen waarvan reclameaffiches voor Évian en Leader Price met Zidanes gezicht op de wanden van de metro de armzalige overblijfselen waren.

Vóór ons was niets.

De laatste zomer – alles was 'laatst' – kwam eraan. Eens te meer verzamelden de mensen zich. Ze reden ijlings naar de kliffen van het Kanaal of dromden samen in Parijse parken om de maan midden op de dag de zon te zien verduisteren. Er viel een koelte, een schemering. We keken verlangend uit naar de terugkeer van de zon en hadden tegelijk zin om in dat vreemde donker te blijven, met het gevoel dat we vooruitspoelden naar het uitsterven van de mensheid. Miljoenen kosmische jaren verstreken voor onze met zwarte brillen getooide ogen. Blinde gezichten opkijkend naar de lucht leken te wachten op de komst van een god of de witte ruiter van de Apocalyps. De zon verscheen weer en mensen klapten. De volgende zonsverduistering zou in 2081 plaatsvinden, wij zouden die niet meemaken.

Toen kwam het jaar 2000. Behalve wat vuurwerk en de gebruikelijke stedelijke euforie was er niets opmerkelijks gebeurd. We waren teleurgesteld, de voorspelde bug bleek bedrog. De echte gebeurtenis had zes dagen eerder plaatsgevonden met wat algauw 'de grote storm' werd genoemd, die uit het niets over ons was losgebarsten. In een paar nachtelijke uren knakte hij duizenden hoogspanningsmasten, maaide bossen neer, rukte daken af, trok een tra van het zuidwesten naar het noordoosten en doodde daarbij vriendelijk genoeg maar een tiental personen, die zich op het verkeerde moment op de verkeerde plaats hadden bevonden. 's Ochtends was de zon rustig opgekomen boven een verminkt landschap, met de schoonheid die verwoestingen eigen is. Hier begon het derde millennium. (Het idee van een geheimzinnige wraakoefening van de natuur leek zich op te dringen.)

Er veranderde niets, behalve de ongewone 2 in plaats van de 1 die je onwillekeurig nog steeds ontglipte bij het schrijven van de datum onderaan een cheque. In het verdere verloop van een winter die net als de voorafgaande winters zacht en regenachtig was, wekte de herhaalde verwijzing naar 'Europese richtlijnen' uit Brussel en naar de 'start-up-boom' bij ons niet het verwachte enthousiasme, eerder een soort melancholie. De socialisten voerden een kleurloos beleid. Het straatprotest nam af. We gingen niet meer naar de steunbetogingen voor illegalen.

Met enkele maanden vertraging na de eeuwwisseling stortte in Gonesse de Concorde neer, het vliegtuig van de rijken dat niemand die wij kenden nam, en verdween algauw uit het geheugen, waarmee dit prestigeproject uit het De Gaulle-tijdperk werd bijgezet in de voltooid verleden tijd. Een kleine, ijzige man met een ondoorgrondelijke ambitie en een voor de verandering makkelijk uit te spreken naam, Poetin, had dronkenlap Jeltsin vervangen en beloofde dat hij 'de Tsjetsjenen tot op de plee zou afknallen'. Inmiddels keken we niet meer met hoop of angst naar Rusland, alleen nog met voortdurende verslagenheid. Het had zich teruggetrokken uit onze verbeelding – die, of we dat nu wilden of niet, werd bezet door de Amerikanen, als een kolossale boom die zijn takken over de hele aardoppervlakte uitstrekte. Ze werkten ons meer en meer op de zenuwen met hun moralistische prietpraat, hun aandeelhouders en hun afkeer van onze kazen. Om de fundamentele armoedigheid van hun op wapens en economie gebaseerde superioriteitsgevoel te typeren volstond doorgaans één woord: 'arrogantie'. Veroveraars met geen andere idealen dan aardolie en dollars. Hun waarden en hun beginselen – alleen op jezelf rekenen – boden niemand anders dan hunzelf enige hoop, en wij droomden van 'een andere wereld'.

In eerste instantie was de enige mogelijke reactie ongeloof – zoals later bleek uit een videofragment waarop George W. Bush onbewogen blijft als een verloren kind wanneer hem het nieuws wordt ingefluisterd. Je kon niet denken, niet voelen, alleen maar blijven kijken naar het televisiescherm, telkens weer, waarop te zien was hoe de Twin Towers in Manhattan achter elkaar instortten op die middag in september – in New York was het ochtend, maar voor ons zou het altijd middag blijven –, alsof het eindelijk echt zou worden als je de beelden maar vaak genoeg bekeek. Het lukte je niet de shocktoestand te boven te komen, je zwolg erin door het bericht via je mobieltje met een maximum aantal mensen te delen.

De commentaren en analyses waren niet van de lucht. De zuiverheid van de gebeurtenis verdween. Je steigerde bij de uitroep van *Le Monde*, 'Wij zijn allemaal Amerikanen'. In één klap werd onze voorstelling van de wereld ondersteboven gezet, een paar fanatiekelingen uit obscurantistische landen hadden, slechts gewapend met cutters, in minder dan twee uur de symbolen van de Amerikaanse macht neergehaald. Het was een krachttoer van wonderbaarlijke proportie. Je nam het jezelf kwalijk dat je de Verenigde Staten voor onoverwinnelijk had aangezien, je nam wraak op een illusie. Je moest terugdenken aan een andere 11 september en aan de moord op Allende. Hier werd een rekening vereffend. Later zou er tijd zijn om compassie te tonen en om aan de consequenties te denken. Wat nu telde, was om te zeggen waar, hoe, door wie of wat je van de aanval op de Twin Towers had gehoord. De enkelingen die er niet nog dezelfde dag over waren geïnformeerd, werden achtervolgd door het gevoel dat ze een afspraak met de rest van de wereld hadden gemist.

En iedereen pijnigde zijn hersens over wat hij of zij aan het doen was precies op het moment dat het eerste vliegtuig zich in de toren van het World Trade Center boorde en dat stellen zich hand in hand in de leegte stortten. Er bestond tussen die twee zaken geen enkel verband, behalve het feit in leven te zijn op hetzelfde moment als die drieduizend mensen die gingen sterven, maar daarvan een kwartier eerder onwetend waren. Doordat je het je herinnerde, ik was bij de tandarts, onderweg, ik zat thuis te lezen, besefte je in die verbijsterende gelijktijdigheid het afgescheidene van de mensen op aarde en hoe we verbonden zijn in een gedeelde kwetsbaarheid. En onze onwetendheid, terwijl we in het Musée d'Orsay naar een schilderij van Van Gogh stonden te kijken, van wat er op diezelfde seconde in Manhattan gebeurde, was de onwetendheid van ons eigen doodsuur. Maar omdat het zowel de vernietigde torens van het World Trade Center als een tandartsafspraak of een periodieke autokeuring bevatte, werd dat uur te midden van het betekenisloze verstrijken van de dagen gered.

11 september verdrong alle datums die ons tot dan toe waren bijgebleven. Zoals mensen ooit 'na Auschwitz' hadden gezegd, zeiden ze nu 'na nine eleven', een eenmalige dag. Hier begon iets, maar we wisten niet wat. Ook de tijd globaliseerde.

Later, wanneer we aan feiten denken die we, na enige aarzeling, in 2001 situeren – een onweersstorm in Parijs in het weekend van 15 augustus, een moordaanslag bij het filiaal van de Caisse d'Épargne in Cergy-Pontoise, het verschijnen van *Het seksuele leven van Catherine M.* –, zijn we verrast als we ze vóór 11 september moeten plaatsen en frappeert het ons dat ze zich in niets onderscheidden van feiten die later plaatsvonden, in oktober of november. Ze hadden hun zwerige plaats in het verleden weer ingenomen, waren losgekomen van een gebeurtenis die we, dat moesten we nu wel toegeven, niet echt hadden meegemaakt.

Voor we tijd hadden om na te denken, waren we in de greep van de angst, een duistere macht was de wereld binnengedrongen en stond klaar om op elk punt van de aardbol de afschuwelijkste daden te plegen, enveloppen gevuld met wit poeder doodden de ontvangers ervan, *Le Monde* kopte 'Er komt oorlog'. De president van de Verenigde Staten, George W. Bush, fletse telg van de vorige president, die op bespottelijke wijze was verkozen na eindeloze hertellingen van de uitgebrachte stemmen, kondigde de oorlog der beschavingen af, de strijd van Goed tegen Kwaad. Het terrorisme had een naam, Al Qaida, een religie, de islam, een land, Afghanistan. We mochten niet meer slapen, we moesten tot het einde der tijden waakzaam zijn. Doordat we de angst van de Amerikanen verplicht tot de onze moesten maken, bekoelde onze solidariteit en compassie. We maakten ons er vrolijk over dat ze Bin Laden niet te pakken hadden gekregen en dat moellah Omar er op een motorfiets tussenuit was geknepen.

Ons beeld van de moslimwereld was aan herziening toe. Dat schimmige samenraapsel van in wijde gewaden gehulde mannen en als heilige maagden gesluierde vrouwen, van kameeldrijvers, buikdanseressen, minaretten en muezzins, dat we hadden aangezien voor iets wat ver verwijderd, pittoresk en achtergebleven was, veranderde in een moderne kracht. Mensen hadden moeite om moderniteit te rijmen met de pelgrimstocht naar Mekka, een meisje in chador dat aan een proefschrift werkte op de universiteit van Teheran. We konden niet langer aan de moslims voorbijgaan. Eén miljard tweehonderd miljoen.

(De één miljard driehonderd miljoen Chinezen, die uitsluitend geloofden in de economie, die sappelden om goedkope spullen te fabriceren voor de westerse markt, waren niet meer dan een verre stilte.)

De religie kwam terug, maar het was niet onze religie, ons geloof waar we niet meer in geloofden, dat we niet hadden willen overdragen, al bleef het in wezen, als er dan toch een rangorde moest worden aangebracht, het enige legitieme, het beste. Het geloof dat met zijn tientje van de rozenkrans, zijn kantieken en zijn vis op vrijdag behoorde tot het museum van de kindertijd, *Alles wat adem heeft, love de Heer.*

Er zat geen beweging in het onderscheid tussen 'rasechte Fransen' – *Français de souche*, je dacht meteen aan bomen met wortels in de aarde – en Fransen 'met een migratieachtergrond'. Als de president van de Republiek in een toespraak repte van 'het Franse volk', was het zonneklaar dat het daarbij ging om een – grootmoedige, boven elke xenofobe verdenking verheven – eenheid, bestaande uit Victor Hugo, de bestorming van de Bastille, boeren, onderwijzers en pastoors, Abbé Pierre en De Gaulle, Bernard Pivot, Astérix, la mère Denis en Coluche, alle Maries en Patricks. Die omvatte niet Fatima, Ali en Boubacar, zij die boodschappen deden in de halalafdeling van de grote supermarkten en zich hielden aan de ramadan. En al helemaal niet de 'jongeren uit de wijken', met hun hoody over hun hoofd en hun nonchalante tred, waarin zekere tekens van luiheid en achterbaksheid werden gezien, betrouwbare aanwijzingen van het acute kwaad dat ze in de zin hadden. Op de een of andere obscure manier vormden zij de inheemse bevolking van een binnenlandse kolonie waarover we geen controle meer hadden.

De taal construeerde niet-aflatend de tweedeling tussen wij en zij, sloot hen op binnen 'gemeenschappen' in 'wijken', 'no-gozones' of 'wetteloze enclaves' die waren overgeleverd aan drugshandel en 'gangbangs', zette hen als woestelingen neer. *De Fransen zijn ongerust*, verkondigden journalisten. Volgens de peilingen – die de publieke emoties dicteerden – was onveiligheid datgene waar mensen zich het meest zorgen om maakten. Ook als het niet met zoveel woorden werd gezegd, had die onveiligheid het gezicht van een donkerhuidige schaduwbevolking en van horden die brave lieden in een ommezien van hun mobieltje beroofden.

De overgang naar de euro bood vluchtig verstrooiing. De nieuwsgierigheid naar waar de muntstukken vandaan kwamen taande binnen een week. Het was een koude munt, met kleine keurige biljetten, zonder afbeeldingen of metaforen, een euro was een euro en anders niet – een haast onwerkelijke munt, gewichtloos en bedrieglijk, die de prijzen deed krimpen en de indruk wekte dat alles goedkoop was geworden in de winkels en dat je zelf veel armer was als je naar je loonbriefje keek. We vonden het zo raar om ons Spanje voor te stellen zonder peseta's naast de tapas en de sangria, Italië zonder hotelkamers voor honderdduizend lire per nacht. We hadden geen tijd om weemoedig te zijn over voorbijgaande dingen. De kritische intellectueel Pierre Bourdieu was overleden, mensen wisten maar weinig van hem af, we waren er niet eens van op de hoogte dat hij ziek was. Hij had ons geen tijd gegund om op verhaal te komen, te wennen aan zijn afwezigheid. Een vreemd verdriet deed op gedempte toon de ronde onder hen die zich bevrijd hadden gevoeld door hem te lezen. We waren bang dat zijn stem in ons zou worden uitgewist, net als die van Sartre, nu al zo ver weg. Dat we ons zouden laten inpalmen door de wereld van opinies.

De presidentsverkiezingen in mei leken des te ontmoedigender. Een herhaling van de vorige in '95, met dezelfde figuren, Chirac en Jospin (die steeds meer op Blair ging lijken, een afkeer had van het woord 'socialist', maar waarschijnlijk zou worden herkozen). We herinnerden ons met verbazing hoe spannend en felbevochten de verkiezingsstrijd in de winter van '81 was geweest. Als we terugdachten aan die tijd, gingen we toen ergens heen. Zelfs '95 leek te prefereren. We wisten niet hoe het kwam dat we zo moedeloos waren, of het lag aan de media met hun peilingen, *in wie stelt u vertrouwen*, hun hooghartige commentaren, aan de politici en hun beloften dat ze de werkloosheid zouden terugdringen, het gat van de sociale zekerheid zouden dichten, of aan de roltrap op het station die steevast defect was, aan de wachtrijen bij de kassa's van de Carrefour en op het postkantoor, aan de Roemeense bedelaarsters, al die dingen waarvoor de stembusgang even zinloos was als deelname aan een prijsvraag met een formulier dat je in een brievenbus in het winkelcentrum moest deponeren. En *Les Guignols* op Canal+ waren niet grappig meer. Aangezien we door niemand werden vertegenwoordigd, was het passend dat we gewoon deden waar we zin in hadden. Stemmen was een privézaak geworden, een gevoelskwestie. Je wachtte op een laatste ingeving, Arlette Laguiller, Christiane Taubira of misschien de Groenen. Alleen gewoonte, de herinnering aan een heel oude 'kiesplicht' zorgde ervoor dat je op een zondag in april, midden in de paasvakantie, de moeite nam om te gaan stemmen.

Bizar genoeg zou je later, terugdenkend aan die zondag in april, alleen nog weten dat het erg zonnig en zacht was, maar niet meer wat je bezigheden waren in de uren die aan de bekendmaking van de verkiezingsuitslagen voorafgingen, behalve misschien dat je uitkeek naar een onderhoudende avond. En toen gebeurde het. De man die al twintig jaar antisemitische en racistische gruwelen verkondigde, de demagoog met zijn van haat vertrokken grijns die de lachers op zijn hand had, haalde rustig de bovenhand en verpulverde

Jospin. Geen links meer. De politieke lichtheid van het leven was weg. Waar lag de schuld. Wat hadden we gedaan. Hadden we niet op Jospin moeten stemmen in plaats van op Laguiller. Het bewustzijn duizelde, tussen het onschuldige gebaar van het biljet in de stembus en het collectieve resultaat zat een gapend gat. We hadden ons eigen verlangen gevolgd en we werden gestraft. Er was iets schandelijks gebeurd en overal klonk de retoriek van de schaamte, terwijl het een dag eerder nog over onveiligheid ging. De jacht op de verantwoordelijken werd ingezet: nu eens was het het tv-journaal waarop non-stop de zielige kop van Opa Voise te zien was geweest, mishandeld door twee jonge schooiers die ook nog eens zijn stulpje in de fik hadden gestoken, dan weer waren het de thuisblijvers, en anders de mensen die groen, trotskistisch of communistisch hadden gestemd. De media 'gaven het woord' aan zwijgende kiezers die een stem voor Le Pen hadden uitgebracht. De arbeiders en caissières die uit de schaduw traden, werden behoedzaam ondervraagd over wat hen had bewogen, voor onmiddellijk, zij het oppervlakkig begrip.

Maar we hadden geen tijd om na te denken of we werden al meegesleept in een algehele mobilisatie ter redding van de democratie, met het gebod om op Chirac te stemmen (voorzien van goede raad om je ziel niet te bezoedelen bij het afgeven van het stembiljet: je neus dichtknijpen, handschoenen aantrekken, *beter een stem die stinkt dan een stem die stikt*). Een deugdzame, mopperende eensgezindheid dreef ons gedwee de straat op te midden van de 1 mei-massa met zijn leuzen, *Stop de furieuze Führer, Wees niet bang kom in verzet, Ik baal I've got the balls Tengo las bolas, 17,3% op de schaal van Hitler*. Net van vakantie teruggekeerde jongeren vonden dat het iets weghad van het Wereldkampioenschap voetbal. Onder de grijze lucht van de Place de la République, die zwart van de mensen zag, achter de dicht opeengepakte ruggen van een waanzinnige stoet die maar niet in beweging wilde komen, werden we door twijfel bevangen. We voelden ons figuranten die waren ingehuurd voor een film over de jaren dertig. Er hing consensuele schijnheiligheid in de lucht. Je legde je erbij neer op Chirac te stemmen in plaats van thuis te blijven. Toen we het stembureau uit kwamen, hadden we het gevoel een hersenloze daad te hebben verricht. En toen we 's avonds op tv de deining van de naar Chirac opgeheven gezichten zagen die *Chichi we love you* schreeuwden, terwijl de tengere gele handjes van s o s Racisme boven de hoofden fladderden, dachten we: *wat een sukkels.*

Later zou er van die presidentsverkiezingen niets in het geheugen blijven hangen, behalve de dag en maand van de eerste ronde, 21 april, alsof de gedwongen tweede ronde, met zijn uitslag van 80 procent, niet meetelde. Kon je eigenlijk nog wel stemmen?

Je zag hoe rechts weer overal oprukte. Opnieuw werd ons ingeprent dat we ons moesten aanpassen aan de markt, aan de mondialisering, opnieuw werden we gesommeerd om harder en langer te werken, deze keer bij monde van eerste minister Raffarin, wiens naam, kromme rug en vermoeide minzaamheid deden denken aan een notaris uit de jaren vijftig die met zijn logge tred het parket van zijn kantoor liet kraken. Zijn riedels over het 'Frankrijk van boven' en het 'Frankrijk van beneden', net als in de negentiende eeuw, wekten nauwelijks verontwaardiging. Je wendde je af. Zelfs *les Bleus* waren roemloos ten onder gegaan op het w k Voetbal in Korea. Je richtte je weer op jezelf.

De augustuszon warmde je huid. Met je ogen dicht, op het zand, was het dezelfde vrouw, dezelfde man. Je verzonk in je lichaam, hetzelfde als dat uit je kinderjaren op de kiezels van Normandië, als dat uit lang vervlogen vakanties aan de

Costa Brava. Opnieuw herrezen uit de tijd, in een lijkkleed van licht.

Je deed je ogen open en zag een vrouw die met al haar kleren aan de zee in liep, in tuniek en lange rok en met haar haren bedekt door een islamitische sluier. Een man met ontbloot bovenlijf, in short, hield haar bij de hand. Het was een Bijbels visioen van een schoonheid waar je afschuwelijk treurig van werd.

De plaatsen waar consumptiegoederen werden uitgestald, waren almaar groter, mooier en kleurrijker, ze werden brandschoon gehouden, in schril contrast met de troosteloosheid van metrostations, postkantoren en openbare scholen, en elke ochtend kwamen ze tot leven in de schittering en overvloed van de Hof van Eden daags na de schepping.

Uitgaande van een potje per dag zou je aan één jaar niet genoeg hebben om alle yoghurtjes en zuivelpuddinkjes te proeven. Er waren verschillende ontharingsproducten voor mannelijke en vrouwelijke oksels, inlegkruisjes voor strings, vochtige tissues, 'originele recepten' en 'fijne braadhapjes' voor katten, verdeeld in kitten, junior, senior en binnenkat. Geen enkel aspect van het menselijk lichaam en de lichaamsfuncties werd door de vooruitziende fabrikanten veronachtzaamd. Levensmiddelen waren ofwel 'vetarm' ofwel 'verrijkt' met onzichtbare substanties, vitamines, omega 3-vetzuren of vezels. Al het bestaande, lucht, hitte en kou, gras en mieren, zweten en snurken, kon aanleiding zijn om tot in het oneindige artikelen te genereren en bijkomende producten om die artikelen te onderhouden, in een voortdurende onderverdeling van de werkelijkheid en navenante toename van de hoeveelheid voorwerpen. Het commerciële voorstellingsvermogen kende geen grenzen. Het annexeerde voor eigen gewin elk jargon, dat van de ecologie, dat van de psychologie, koketteerde met humanisme en sociale rechtvaardigheid, riep ons op 'allemaal samen te strijden tegen het dure leven', bezwoer ons: 'Verwen jezelf', 'pak je voordeel'. Het verordonneerde het vieren van traditionele feesten als Kerstmis en Valentijnsdag, ging mee met de ramadan. Het behelsde een moraal, een filosofie, de niet ter discussie staande vorm van ons bestaan. *Het leven. Het echte. Auchan.*

De commercie was een zachte, blijmoedige dictatuur waartegen niemand in opstand kwam, je hoefde je alleen te beschermen tegen de excessen ervan, de consument – basisdefinitie van het individu – hoefde alleen te worden opgevoed. Voor iedereen, ook voor de illegale migranten die opeengepakt in bootjes koers zetten naar de Spaanse kust, had vrijheid het gezicht van een winkelcentrum, van een immense, onder de overvloed bezwijkende supermarkt. Het was normaal dat producten van over heel de wereld toestroomden en vrij circuleerden, en dat mensen bij de grenzen werden tegengehouden. Om die grenzen toch te passeren sloten sommigen zich op in vrachtwagens, maakten zich tot – onbezielde – koopwaar en stierven de verstikkingsdood, op een zonnige junidag door de chauffeur achtergelaten op een parkeerterrein in Dover.

De welwillendheid van de supermarkten was zo groot dat er voor de armen speciale afdelingen werden ingericht met massaal ingekochte, merkloze goederen uit het laagste segment, cornedbeef, leverworst, die bij bemiddelde klanten de consumptiebeperkingen en de schaarste in de voormalige Oostbloklanden voor de geest riepen.

Wat in de jaren zeventig was voorspeld, door Debord, Dumont – was er niet ook een roman van Le Clézio – had zich dus voorgedaan. Hoe hadden we het kunnen laten gebeuren. Maar niet alle voorspellingen waren uitgekomen, we waren niet met puisten overstelpt, onze huid viel niet af, zoals in

Hiroshima, we hadden op straat geen gasmaskers nodig. Integendeel, we zagen er beter uit, we waren gezonder, aan een ziekte bezwijken werd steeds minder voorstelbaar. Het was nog mogelijk het tweede millennium te laten voortdenderen zonder je al te druk te maken.

Je dacht terug aan het verwijt van je ouders: 'ben je dan niet gelukkig met alles wat je hebt?' Nu wist je dat alles wat je had niet volstond voor geluk. Dat was geen reden om van dingen af te zien. En dat sommigen er geen toegang toe hadden, ervan waren 'uitgesloten', leek de prijs die moest worden betaald, een onmisbaar quotum van mensen die werden opgeofferd om de meerderheid te laten blijven genieten van het leven.

Op een reclameaffiche stond: *Geld, seks, drugs, kies geld.*

We schaften een dvd-lezer aan, een digitaal fototoestel, een mp3-speler, een ADSL-verbinding, een flatscreen, we bleven maar aanschaffen. Wie niet meer aanschafte, legde zich bij oud worden neer. Terwijl onze huid tekenen van slijtage vertoonde en ons lichaam begon af te takelen, werden we tegelijk door de wereld met nieuwe dingen overladen. Onze aftakeling en de loop van de wereld liepen in tegenovergestelde richting.

De vragen die met de komst van nieuwe technologieën rezen, vielen de een na de ander weg, zodra het gebruik ervan natuurlijk en gedachteloos werd. De mensen die niet met een computer en een iPod konden omgaan zouden verdwijnen, net zoals de mensen die niet overweg konden met de telefoon of wasmachine ooit verdwenen waren.

In bejaardentehuizen trok aan de fletse ogen van oude vrouwen het ene na het andere reclamespotje voorbij voor producten en apparaten waarvan ze nooit hadden kunnen bevroeden dat die eens onmisbaar zouden zijn en die ze van hun levensdagen niet zouden bezitten.

We konden de tijd van de dingen niet meer bijhouden. Een langdurig bewaard evenwicht tussen het wachten erop en het verschijnen ervan, tussen wat we misten en wat we verwierven, was doorbroken. Wat nieuw was, ontlokte geen vinnige kritiek of enthousiasme meer, het spookte niet meer door onze verbeelding. Het was het normale levenskader. Misschien zou het begrip nieuw als zodanig verdwijnen, zoals met het begrip vooruitgang al bijna was gebeurd, we waren ertoe veroordeeld. We vingen een glimp op van de ongelimiteerde mogelijkheid van alles. Harten, levers, nieren, ogen, huid gingen over van de doden naar de levenden, eicellen van de ene baarmoeder naar de andere, vrouwen van zestig bevielen van een kind. Facelifts brachten de tijd op gezichten tot stilstand. Mylène Demongeot was op tv nog dezelfde beeldschone pop die we hadden gezien in *Sois belle et tais-toi*, sinds 1958 gaaf geconserveerd.

Een duizeling beving ons als we dachten aan cloning, kinderen uit een kunstmatige baarmoeder, hersenimplantaten, wearables – het Engels voegde een element van vreemdheid toe en versterkte ons minderwaardigheidsgevoel –, een volledig gendervrije seksualiteit, we vergaten dat zulke dingen en gedragingen een tijdlang zouden co-existeren met hoe het vroeger toeging.

Maar het gemak van alles deed ons nog vluchtig versteld staan, ontlokte ons over nieuwe producten op de markt toch een: 'Niet te geloven!'

We voorvoelden dat er in het tijdsbestek van een leven onvoorstelbare dingen zouden opduiken, waar de mensen net zo snel aan zouden wennen als ze gewend waren geraakt aan het mobieltje, de computer, de iPod en de gps. Verwarrend was alleen dat we ons niet konden voorstellen hoe de mensen over tien jaar zouden leven, laat staan hoe wij ons zelf aan nog onbekende technologieën zouden aanpassen. (Zouden we ooit in de hersenen van een mens zijn hele geschiedenis afgedrukt zien, wat hij had gedaan, gezegd, gezien en gehoord?)

We leefden in de overdaad van alles, van alle soorten informatie en 'expertise'. Zodra een gebeurtenis had plaatsgevonden, werd erop gereflecteerd, er werd nagedacht over gedragspatronen, het lichaam, orgasme en euthanasie. Alles werd bediscussieerd en gedecodeerd. 'Verslaving', 'veerkracht', 'rouwarbeid', het wemelde van de manieren om je leven en emoties onder woorden te brengen. Depressie, alcoholisme, frigiditeit, anorexia, ongelukkige kindertijd, niets werd meer vergeefs doorleefd. Communiceren over ervaringen en fantasieën was bevredigend voor het bewustzijn. Collectieve introspectie bood het ik modellen om zichzelf te verwoorden. De voorraad van het gedeelde weten nam toe. Geesten werden leniger, leerprocessen vonden steeds vroeger plaats en de traagheid van het onderwijs was om moedeloos van te worden voor jongeren, die in razende vaart sms'jes typten op hun mobieltje.

In de veelheid aan begrippen die je om de oren vloog, was het steeds moeilijker een taaluiting te vinden die voor jou was, de zin die je in stilte uitspreekt om je staande te kunnen houden.

Op internet hoefde je maar een zoekterm in te vullen om duizenden 'sites' te zien langsglijden, lukraak werden er zinsdelen en tekstflarden opgehoest die weer naar andere sites voerden, een opwindende vorm van spoorzoeken, een tot in het oneindige herhaalde vondst van wat je niet zocht. Het leek alsof je de totaliteit van de kennis tot je beschikking had, alsof je elk van de vele standpunten kon innemen die in een nieuwe, ruwe taal op blogs werden gezwierd. Je kon op zoek gaan naar de symptomen van keelkanker, naar het recept van moussaka, naar de leeftijd van Catherine Deneuve, naar de weersvoorspellingen in Osaka, naar het telen van hortensia's en van cannabis, naar de Japanse invloed op de ontwikkeling van China – je kon poker spelen, films en platen opslaan, alles kopen, witte muizen en revolvers, Viagra en dildo's, alles verkopen en doorverkopen. Je kon met onbekenden discussiëren, ze beledigen, ze versieren, een ander zelf uitvinden. De anderen waren gedesincarneerd, hadden geen stem, geur of gebaren, konden niet bij je komen. Wat telde was wat jij met hen kon doen, de ruiltransactie, het genot. Het grote verlangen naar macht en straffeloosheid ging in vervulling. Je bewoog je in een wereld van objecten zonder subjecten. Internet bewerkstelligde de verbluffende transformatie van de wereld in discours.

De springerige, vlugge muisklik op het scherm was de maat van de tijd.

In minder dan twee minuten vond je terug: klasgenootjes van het Lycée Camille-Jullian, Bordeaux, tweede klas c2, 1980-1981, een liedje van Marie-Josée Neuville, een stuk in *L'Humanité* uit 1988. De zoektocht naar de verloren tijd liep via het web. Archiefdocumenten en allerlei dingen van vroeger die we nooit ofte nimmer hadden gedacht terug te zullen vinden, kwamen onverwijld tot ons. Het geheugen was onuitputtelijk geworden, maar de diepte van de tijd was weg – het gevoel dat je kreeg bij de geur van vergeeld papier, bij ezelsoren in boeken, bij een door een onbekende hand onderstreepte alinea. We bevonden ons in een eindeloos heden.

Onophoudelijk wilden we dat heden 'saven' in een grote hamsterwoede van direct zichtbare foto's en films. Honderden beelden raakten verstrooid in alle uithoeken van onze vriendenkring, een nieuwe gewoonte die snel ingeburgerd was geraakt, weggeschreven en gearchiveerd in mappen – die we zelden openden – op de computer. Wat telde was het maken, het gecapteerde, verdubbelde bestaan, dat werd opgenomen terwijl je het aan het beleven was, bloeiende kersenbomen, een hotelkamer in Straatsburg, een pasgeboren baby. Plaatsen, ontmoetingen, scènes, voorwerpen, het was de totale conservering van het leven. Met het digitale putten we de werkelijkheid uit.

Op de naar datum gerangschikte foto's en films die we op het beeldscherm aan ons voorbij lieten trekken, verbreidde zich het licht van een buitengewone tijd – om het even hoe uiteenlopend de scènes en landschappen, de mensen. Een andere vorm van verleden verscheen, een vloeibaar verleden, met een laag gehalte aan werkelijke herinneringen. Er waren te veel beelden om bij elk beeld stil te staan en de omstandigheden waarin het was gemaakt te doen herleven. In die beelden leefden we een haast gewichtloos, gemetamorfoseerd bestaan. De vermenigvuldiging van onze sporen maakte een einde aan de gewaarwording van de tijd die voorbijgaat.

Het was raar om te bedenken dat met dvd's en andere informatiedragers de volgende generaties alles van ons meest intieme dagelijkse leven zouden weten, hoe we ons bewogen, hoe we aten, spraken en vreeën, onze meubels en ons ondergoed. De duisternis van vorige eeuwen werd beetje bij beetje teruggedreven, vanaf de statiefcamera bij de fotograaf tot de digitale camera in de slaapkamer, en zou voor altijd verdwijnen. We waren vóór onze tijd uit de dood opgestaan.

En in onszelf vormde de wereld een onmetelijk reservoir aan vage herinneringen. Van bijna alles bewaarden we alleen woorden, details, namen, alles waarover je, in navolging van Georges Perec, 'ik herinner me' kon zeggen: ik herinner me de ontvoering van baron Empain, de Picorettes van Nestlé, de sokken van Bérégovoy, Alain Devaquet, de Falklandoorlog, het Ovomaltine-ontbijt. Maar dat waren geen echte herinneringen, wat we zo bleven noemen was iets anders: merktekens van een tijdvak.

De media namen het proces van herinneren en vergeten over. Ze herdachten alles wat herdacht kon worden, de oproep van Abbé Pierre, de dood van Mitterrand en van Marguerite Duras, het begin en einde van oorlogen, de eerste stap op de maan, Tsjernobyl, nine eleven. Elke dag verjaarde er wel iets, een wet, een misdrijf, de opening van een proces. Ze verknipten de tijd in beatjaren, hippiejaren, aidsjaren, verdeelden de mensen in De Gaulle-generatie, Mitterrand-generatie, '68-generatie, babyboomgeneratie, digitale generatie. We hoorden overal en nergens bij. Onze hoogsteigen jaren zaten er niet tussen.

We muteerden. We wisten nog niet wat onze nieuwe vorm zou zijn.

Keek je 's nachts omhoog, dan straalde de maan onbeweeglijk over miljarden individuen, een wereld waarvan je de weidsheid, het gewemel, binnen in jezelf kon voelen. Het bewustzijn dijde uit over de totale ruimte van de planeet, naar andere sterrenstelsels. Het oneindige was niet langer denkbeeldig. Daarom leek het onvoorstelbaar dat je op een dag zou sterven.

Als je probeerde te inventariseren wat er buiten jou om was voorgevallen, zag je na 11 september een golf van snelle gebeurtenissen, een opeenvolging van verwachtingen en angsten, van tijden die zich voortsleepten en explosies die

verbijstering of heftig verdriet teweegbrachten – met als leid-
motief: 'niets zal meer zijn zoals het was' – en dan verdwenen,
vergeten raakten, onopgelost bleven en een jaar of zelfs een
maand later werden herdacht, alsof ze al tot het verre verleden behoorden. Je had de presidentsverkiezingen op 21 april,
de Irakoorlog – gelukkig zonder ons –, de doodsstrijd van Johannes Paulus II, een volgende paus van wie we niet konden
onthouden hoe hij heette, laat staan de hoeveelste hij was, de
aanslag op station Atocha in Madrid, de feestelijke avond van
de nee-stem bij het referendum over de Europese grondwet,
de lichterlaaie brandende nachten in de banlieues, de ontvoering van Florence Aubenas, de aanslagen in Londen, de
oorlog in Libanon tussen Israël en Hezbollah, de tsunami in
de Indische Oceaan, Saddam Hoessein die uit een gat in de
grond werd gehaald en later opgehangen (niemand wist wanneer), raadselachtige epidemieën, SARS, de vogelpest, chi-
kungunya. Tijdens de ellenlange zomer van wat de Europese
hittegolf was geworden, werden dode Amerikaanse soldaten
in plastic zakken teruggevlogen uit Irak en oudjes die in de
hitte het loodje hadden gelegd opgetast in het vrieshuis van
de markthallen in Rungis.

Alles leek neerdrukkend. De Verenigde Staten waren de
meesters van tijd en ruimte en bezetten die naar eigen goed-
dunken, al naargelang hun behoeften en belangen. Mensen
sliepen in tenten langs de Boulevard Périphérique. Jongeren
sneerden 'welkom in een shitwereld' en rebelleerden kortstondig. Alleen de pensioentrekkers waren tevreden, ze deden hun best om de tijd te verdrijven en hun geld uit te geven,
reisden naar Thailand, shopten op eBay en op Meetic online
dating. Waar zou de opstand vandaan moeten komen?

Van al het dagelijkse nieuws was het weerbericht op de beeld-
schermen in de RER-stations het interessantst, het bericht dat

ons het meest aanging, regen of zonneschijn, een voorspellende almanakwijsheid op grond waarvan we elke dag treurig of blij konden zijn, en dat dat onberekenbare en tegelijk onveranderlijke weerbericht door menselijk toedoen kon worden gewijzigd, vonden we choquerend.

Een kwalijke retoriek timmerde er ongeremd op los, met instemming van de meeste televisiekijkers, die boe noch bah zeiden toen de minister van binnenlandse zaken verklaarde dat hij 'met een Kärcher hogedrukspuit' de banlieues van 'tuig' wilde reinigen. Er werd gezwaaid met oude waarden, orde, arbeid, nationale identiteit, inclusief impliciete dreigementen tegen vijanden die door 'nette mensen' wel konden worden herkend, werklozen, jongeren uit de banlieues, asielzoekers, illegalen, dieven en verkrachters enzovoorts. Het was lang geleden dat een zo kleine hoeveelheid woorden zo veel geloof had verbreid – mensen gaven zich eraan over alsof ze duizelig waren van alle analyses en nieuwsberichten, walgden van de zeven miljoen armen, de daklozen, de werkloosheidsstatistieken, wilden terugvallen op wat simpel was. *77% van de ondervraagden is van mening dat de rechterlijke macht te veel clementie toont met delinquenten.* De oude nieuwe filosofen kraamden op tv dezelfde riedels uit als vroeger, Abbé Pierre was overleden, om *Les Guignols* viel niet meer te lachen en *Charlie Hebdo* koesterde zijn aloude gevoelens van verontwaardiging. Je voelde wel dat niets de verkiezing van Sarkozy in de weg zou staan, mensen wilden dat de dingen hun beslag zouden krijgen. Er kwam weer een drang boven om zich te onderwerpen aan een leider.

De commerciële tijd drong eens te meer binnen in de kalendertijd. Nu al Kerstmis, zuchtten de mensen tegenover het verschijnen, op de dag na Allerheiligen, van een stortvloed aan speelgoed en chocola in de grootwarenhuizen, met het lamlendige vooruitzicht wekenlang niet te kunnen ontsnappen aan de omknelling van het belangrijkste feest, dat je dwingt je eigen persoon, eenzaamheid en koopkracht te bezien in verhouding tot de maatschappij om je heen – alsof kerstavond het moment suprême van het bestaan is. Als je daaraan dacht, had je zin om eind november te gaan slapen en pas wakker te worden aan het begin van het volgende jaar. Dit was het begin van de ergste periode van verlangen naar en afkeer van de dingen, het hoogtepunt van het consumptieve handelen – dat je desondanks verrichtte, in de hitte wachtend bij de kassa's en jezelf verfoeiend, als een offer dat je brengen moest, een plicht om geld uit te geven die je vervulde voor een willekeurige god en een willekeurig heil – je legde je erbij neer 'iets te doen rond kerst', kocht versieringen voor de kerstboom en plande het menu van de kerstlunch.

Midden in dit eerste decennium van de eenentwintigste eeuw, dat nooit werd betiteld als de jaren nul, aan de tafel waaraan we de nu al haast veertigjarige kinderen hadden ontboden – al zagen ze er met hun jeans en hun Converse sneakers nog altijd als tieners uit – hun partners – al sinds verscheidene jaren dezelfde – en de kleinkinderen – met als toevoegsel de man die was overgegaan van de voorlopige status van geheime geliefde naar die van stabiele partner, een acceptabele gast op familiebijeenkomsten –, begon het gesprek met een spervuur van heen en weer vliegende vragen: over het werk, dat op de tocht stond door een sociale afvloeiingsregeling als gevolg van een buy-out van het bedrijf, over vervoersmiddelen, uurroosters en vrije dagen, de hoeveelheid sigaretten per dag en stoppen met roken, over vrije tijd, foto's en muziek, downloads, over de nieuwste aankoopjes, de laatste versie van Windows, het laatste model mobieltje, 3G, over consumptie-patronen en timemanagement. Alles waarmee de tafelgeno-ten datgene wat ze al van elkaar wisten konden actualiseren, elkaars levensstijl konden inschatten en daarbij heimelijk het geloof in de voortreffelijkheid van de eigen manier van leven konden bevestigen.

Ze wisselden meningen uit over films, zetten de recensies in *Télérama*, *Libé* en *Les Inrocks*, *Technikart* tegen elkaar af, ge-tuigden van hun enthousiasme voor Amerikaanse series, *Six Feet Under*, *24*, drukten ons op het hart minstens één afle-vering te bekijken, al waren ze er zeker van dat we dat niet gingen doen – ze wilden ons onderrichten, maar waren niet bereid om door ons te worden onderricht, lieten doorsche-meren dat onze kennis van de dingen vast niet meer zo up-to-date was als de hunne.

We hadden het over de komende presidentsverkiezingen. Ze probeerden elkaar de loef af te steken in geschamper op de stompzinnige verkiezingsstrijd, ventileerden hun woede over het duo Ségo-Sarko waarmee je werd overvoerd, spot-ten met de 'rechtvaardige orde' en het 'win-win' van de so-cialistische kandidate, haar slappe, keurige manier om holle frasen achter elkaar te zetten, toonden zich verontrust door het populistische talent van Sarko en zijn onweerstaanbare opgang. We waren het erover eens dat het onmogelijk kie-zen was tussen Bové, Voynet of Besancenot. Eerlijk gezegd hadden we net zo lief helemaal niet gestemd, want we wisten zeker dat die verkiezingen het leven niet zouden veranderen, op zijn best konden we hopen dat het met de socialiste niet erger zou worden. Ze kwamen uit op hét grote gespreks-on-derwerp, de media, hoe ze de publieke opinie manipuleerden, hoe je ze kon omzeilen. Geloofwaardig vonden ze op het net alleen YouTube, Wikipedia, en sites als Rezo.net en Acrimed.

Mediakritiek was belangrijker dan het nieuws als zodanig.

Alles was spot en vrolijk feestdagfatalisme. De banlieues zouden opnieuw branden, het Israëlisch-Palestijnse conflict was ongeneeslijk. En de wereld zat op ramkoers met de opwarming van de planeet, het smelten van de poolkappen en het afsterven van de bijen. Iemand riep, 'trouwens', hoe gaat het met de vogelpest? En met Ariel Sharon, nog altijd in coma? Waarmee het opsommen van andere vergeten zaken werd ingezet, SARS, en de Clearstream-affaire, en de werkloosheidsbeweging – niet zozeer om het collectieve geheugenverlies aan te kaarten als wel om aan de kaak te stellen hoezeer ons bewustzijn door de media werd beheerst. Het was onthutsend om te merken hoe snel het recente verleden vervaagde.

Er was geen geheugen en geen narratief, hooguit een verwijzing naar de jaren zeventig, die begeerlijk leken voor wie ze hadden meegemaakt, zoals wij, maar ook voor hen die te jong waren geweest en alleen konden terugvallen op herinneringen aan spullen, uitzendingen, muziek, kniestukken op de jeans, Kiri de Clown, de kindergrammofoon, Travolta en *Saturday Night Fever*.

In het koortsachtige over-en-weergepraat was er niet genoeg geduld voor verhalen.

We luisterden, kwamen discreet tussenbeide, probeerden een matigende invloed uit te oefenen, te vermijden dat die van de 'koude kant' zouden worden uitgesloten; we plaatsten ons boven de onderonsjes van stellen en verwanten en deden ons best om onenigheden in de kiem te smoren, gedoogden het schamperlachen over onze technologische onkunde. We voelden ons de toegeeflijke, leeftijdloze akela van een uitsluitend uit tieners bestaand stamverband – en het wilde maar niet tot ons doordringen dat we grootouder waren, alsof die titel eens en voor al aan onze eigen grootouders was voorbehouden, een soort essentie waaraan hun overlijden niets had veranderd.

In de rond de tafel geschaarde lichamen, het rondgaan van toasts en foie gras, het kauwen en het gekscheren, het vermijden van ernstige onderwerpen, kreeg eens te meer de immateriële werkelijkheid van het feestmaal gestalte. Onttrok je je even aan die werkelijkheid om een sigaret te roken of het braden van de kalkoen in de gaten te houden en voegde je je dan weer bij het gonzende tafelgezelschap, al niet meer wetend waar het gesprek nu over ging – dan voelde je de kracht en de dichtheid ervan. Hier werd iets uit de kindertijd heropgevoerd. Een aloud tafereel met een gulden glans, mensen rond een tafel, onscherpe gezichten, een geroezemoes van stemmen.

Na de koffie sloten ze enthousiast de nieuwe Nintendo spelconsole, de Wii, aan op de tv, deden virtuele tennis- en bokspartijtjes, gingen schreeuwend en vloekend tekeer voor het scherm, terwijl de kleintjes onvermoeibaar in alle kamers verstoppertje speelden en hun over het parket verstrooide cadeaus van een dag eerder lieten voor wat ze waren. We keerden naar de tafel terug voor de verkoeling van een Perrier of een cola. Stiltes verraadden dat het vertrek naderde. Er werd op horloges gekeken. We kwamen boven uit de wijzerloze tijd van het feestmaal. Speelgoed en knuffels werden bijeengeraapt, samen met alle attributen van de zuigelingenzorg die elk bezoek vergezelden. Na innige omhelzingen en bedankjes bij wijze van afscheid kwam het bevel aan de kinderen om een kusje te geven en de vraag in de rondte: 'hebben we alles?' De privéwerelden van stellen vormden zich weer en verspreidden zich in de respectieve auto's. De stilte overviel ons. We haalden het uittrekblad van de tafel weg, zetten de afwasmachine aan. Van onder een stoel raapten we een poppenjurkje op. We waren vol van het vermoeide, gelukkige gevoel dat we, eens te meer, iedereen 'goed hadden ontvangen', dat we de stadia van het ritueel op harmonieuze wijze hadden doorlopen, een ritueel waarvan wij intussen de oudste pijler waren.

Op die foto, geselecteerd uit honderden beelden in omslagen van de Photo-service of mappen op de computer, zit een vrouw van zekere leeftijd met roodblond haar, gekleed in een zwarte, laag uitgesneden trui, haast achteroverliggend in een grote, veelkleurige leunstoel, met haar twee armen om een klein meisje in jeans en bleekgroene gebreide sweater met ritskraag. Het kind zit onderuitgezakt op de over elkaar geslagen knieën van de vrouw, waarvan er maar één zichtbaar is, gehuld in zwart nylon. De twee gezichten zijn dicht bij elkaar, lichtjes versprongen, dat van de vrouw bleek met her en der een after-dinner blosje, een beetje vermagerd en in het voorhoofd dunne rimpels, ze glimlacht, dat van het kind dof, met grote bruine ogen, serieus, ze is iets aan het zeggen. De enige overeenkomst is hun beider lange, verwarde haar, en allebei hebben ze lokken die tot voor de hals vallen. De handen van de vrouw, met sterk uitkomende, bijna knokige gewrichten, vooraan op de foto, lijken buitensporig groot. Haar glimlach, hoe ze in de lens kijkt, hoe ze het kind omklemt – minder als bezit dan als offerande – roepen het beeld op van een familiale overdracht, van een afstammingslijn die wordt bevestigd: grootmoeder presenteert kleindochter. Op de achtergrond de schappen van een boekenkast met licht dat weerkaatst op de geplastificeerde ruggen van de *Bibliothèque de la Pléiade*. Twee namen lichten op, Pavese, Elfriede Jelinek. Het traditionele decor van een intellectueel, bij wie de andere culturele informatiedragers, dvd's, videocassettes, cd's, gescheiden zijn van de boeken, alsof ze niet behoren tot dezelfde sfeer of tot dezelfde waardigheid. Op de achterkant: *Cergy, 25 december 2006.*

Zij is die vrouw op de foto. Voor zover het gezicht op de foto en haar huidige gezicht niet waarneembaar verschillen en er verder niets verloren is van wat onvermijdelijk verloren zal gaan (maar wanneer en hoe, daar denkt ze liever niet aan), kan ze, als ze ernaar kijkt, met een hoge mate van zekerheid zeggen: dit ben ik = ik heb er geen nieuwe tekens van veroudering bij gekregen. Tekens waar ze niet aan denkt, omdat ze doorgaans leeft in de algehele ontkenning, niet van haar leeftijd, zesenzestig jaar, maar van wat die leeftijd voor jongere mensen betekent, en zonder dat ze zich anders voelt dan vrouwen van vijfenveertig, vijftig – een illusie die diezelfde vrouwen, zonder dat onvriendelijk te bedoelen, vernietigen door haar in een gesprek terloops duidelijk te maken dat ze niet tot hun generatie behoort en dat ze haar zien zoals zij zelf vrouwen van tachtig ziet: als een oude vrouw. Anders dan in haar tienertijd, toen ze er zeker van was dat ze van jaar tot jaar of zelfs van maand tot maand veranderde, terwijl de wereld om haar heen onveranderd bleef, voelt ze zich nu zelf onbeweeglijk in een wereld die voortjakkert. Dat laat onverlet dat er zich tussen de voorgaande foto, op het strand van Trouville, en deze, van Kerstmis 2006, een aantal feiten heeft voorgedaan, die zich, ongeacht de graad en duur van de beroering die ermee gepaard ging, de samenhangen van oorzaak en gevolg die er mogelijk tussen bestonden, als volgt laten opsommen:
de breuk met de man die ze de jongeman noemde, een relatiebreuk die door haar traag, heimelijk en volhardend is nagejaagd en die onherroepelijk werd op een zaterdag in september '99, toen ze zag hoe een zeelt, de slijmige vis die hij

net had gevangen, minutenlang in het gras lag te spartelen voordat hij stuiptrekkend doodging, waarna ze hem diezelfde avond vol walging met hem opat

haar pensionering, die zo lang de uiterste grens van wat ze zich van de toekomst kon voorstellen was geweest, net als eerder de menopauze. Van de ene dag op de andere waren de uitgeschreven cursussen, de leesverslagen waarmee ze die voorbereidde nutteloos geworden. De niet langer gebruikte vakterminologie die ze ooit had verworven om teksten te verklaren werd in haar uitgewist – en wanneer ze nu vruchteloos zoekt naar de benaming van een stijlfiguur moet ze zich, net zoals haar moeder wanneer de naam van een bloem haar ontging, verontschuldigen met een 'ik heb het geweten'

jaloerse gevoelens tegenover de nieuwe partner, eveneens van rijpere leeftijd, van de jongeman, alsof het nodig was om de tijd die door haar pensionering was vrijgekomen zoek te brengen – of opnieuw 'jong' te zijn bij de gratie van een liefdesverdriet dat hij haar nooit had bezorgd toen ze samen waren, gevoelens die ze wekenlang onderhield alsof het werk was dat afgehandeld moest worden, totdat ze nog maar één ding wilde, ervan verlost zijn

een kanker, die leek op te komen in de borst van alle vrouwen van haar leeftijd – ze vond het haast normaal dat ze die had, omdat de dingen die we het meeste vrezen uiteindelijk gebeuren. Op datzelfde moment kreeg ze te horen dat er in de buik van de partner van haar oudste zoon een kindje groeide – een meisje, bleek later uit de echografie, net terwijl zij door de chemotherapie al haar haar kwijt was. Dat haar vervanging in de wereld zo vlug en zonder uitstel plaatsvond, was een hevige schok in die periode tussen een zekere geboorte en haar mogelijke dood de ontmoeting met een man jonger dan zij, die haar aantrekt met zijn zachtmoedigheid en zijn voorliefde voor alles wat doet dromen, boeken, muziek, film – een miraculeus toeval, dat haar de kans biedt om over de dood te triomferen door liefde en erotiek –, en later de voortzetting van hun affaire op verschillende woonplekken, in een afwisseling van aanwezigheid en afwezigheid, het enige schema dat past bij hun bezwaren tegen een leven samen – en apart

de dood op zestienjarige leeftijd van de zwart-witte huiskat, die na jarenlang een bolle buik te hebben rondgetorst weer even broos was geworden als op de foto uit de winter van '92, en die ze heeft bedekt met aarde uit de tuin, midden in een hittegolf, terwijl de buren schreeuwend in hun zwembad sprongen. Met die handeling, die ze voor het eerst verrichtte, had ze het gevoel dat ze alle overledenen uit haar leven begroef, haar ouders, haar laatste tante van moederskant, de oudere man die na de scheiding haar eerste geliefde was, later haar vriend, twee zomers geleden gestorven aan een hartinfarct – en dat ze vooruitliep op haar eigen teraardebestelling.

Wanneer ze deze voorvallen, gelukkig of ongelukkig, vergelijkt met andere die langer geleden in haar leven zijn gebeurd, heeft ze de indruk dat ze niet de minste invloed hebben gehad op hoe ze denkt, op wat ze mooi en interessant vindt, zoals dat zich rond haar vijftigste levensjaar in een soort innerlijke stolling heeft vastgezet. De opeenvolging van gapende gaten tussen al haar vroegere versies houdt daar op. Wat het meest in haar is veranderd, is haar perceptie van de tijd, van haar eigen situatie binnen de tijd. Zo constateert ze verbaasd dat Colette, toen ze een dictee van haar hand moest maken, nog in leven was – en dat haar grootmoeder, die twaalf was toen Victor Hugo overleed, vast een schoolvrije dag had gekregen in verband met de uitvaart (als ze toen niet al op het land werkte). En hoewel het verlies van haar ouders steeds verder terug ligt in de tijd, respectievelijk twintig en veertig jaar, en niets in haar manier van leven en denken lijkt op die van hen – vanwege haar zouden ze zich 'omdraaien in het graf' –, heeft ze het gevoel dat ze dichter tot hen komt. Naarmate de tijd vóór haar objectief afneemt, breidt hij zich steeds verder uit, veel verder terug dan haar geboorte en tot voorbij haar dood, wanneer ze zich voorstelt dat mensen over dertig of veertig jaar over haar zullen zeggen dat ze de Algerijnse Onafhankelijkheidsoorlog heeft meegemaakt, zoals er over haar overgrootouders werd gezegd 'ze hebben de oorlog van '70 gezien'.

Ze is haar gevoel voor de toekomst kwijt, het soort onbegrensde achtergrond waarop zich alles liet projecteren wat ze deed, een verwachting van onbekende, mooie dingen die ze koesterde als ze in het najaar de Boulevard de la Marne opliep naar de faculteit, of toen ze De Beauvoirs *De mandarijnen* dichtsloeg, later toen ze na de lessen in haar Mini Austin sprong en haar kinderen ging ophalen van school, en nog weer later, na haar scheiding en de dood van haar moeder, toen ze voor het eerst naar de Verenigde Staten reisde met *L'Amérique* van Joe Dassin in haar hoofd, tot drie jaar geleden, toen ze een munt in de Trevifontein wierp met de wens dat ze zou terugkomen naar Rome.

Wat de toekomst vervangt, is een kwellend gevoel van urgentie. Ze is bang dat haar geheugen naarmate de ouderdomszwakte toeneemt, weleens even wolkig en stom zou kunnen worden als het was in haar vroegste kinderjaren – waarvan ze zich niets meer herinnert. Wanneer ze nu al probeert zich voor de geest te roepen wie haar collega's waren op de middelbare school in de bergen waar ze twee jaar lang heeft lesgegeven, ziet ze wel silhouetten en gezichten voor zich, soms heel nauwkeurig, maar kan ze er onmogelijk 'een naam op plakken'. Verbeten probeert ze de ontbrekende naam terug te vinden, persoon en naam te matchen, alsof ze twee gescheiden helften wil verenigen. Misschien zijn op een dag ook de dingen en hun benaming niet langer één en kan ze de werkelijkheid niet meer benoemen, dan zal er alleen nog onzegbare werkelijkheid over zijn. Wil ze door middel van het schrijven een *vorm* zien te vinden voor haar toekomstige afwezigheid, dan is het nu of nooit, dan moet ze onmiddellijk beginnen aan dat boek dat alleen nog bestaat als een ruwe schets, in de vorm van duizenden aantekeningen die ze al twintig jaar met zich meedraagt, zodat ze van de weeromstuit ook een steeds langere tijdsduur moet bestrijken.

Die vorm die haar leven zou bevatten, wil ze niet langer afleiden uit het gevoel dat ze heeft als ze met haar ogen dicht in de zon op het strand of in een hotelkamer ligt, het gevoel dat ze zich vermenigvuldigt en fysiek bestaat op verschillende plekken waar ze heeft geleefd, dat ze toetreedt tot een palimpsesttijd. Tot dan toe heeft dat gevoel haar op het vlak van het schrijven nergens gebracht, en evenmin heeft het haar in welke vorm dan ook kennis opgeleverd. Het geeft schrijflust, meer niet, net als de minuten volgend op een orgasme. En doordat het woorden, beelden, dingen en mensen uitwist, vormt het in zekere zin al een voorafschaduwing van de dood, of toch op zijn minst van haar toekomstige toestand, wanneer ze net als andere hoogbejaarden verzinkt in het – vanwege de 'leeftijdsgebonden maculadegeneratie' min of meer wazige – aanschouwen van bomen, van haar kinderen en kleinkinderen, beroofd van alle cultuur en alle geschiedenis, de hare en die van de wereld, of anders aan alzheimer lijdt en geen flauwe notie meer heeft van de dag, de maand of het seizoen.

Het gaat er haar integendeel om dat ze greep krijgt op het tijdsbestek waaruit haar doortocht op aarde in een gegeven periode bestaat, op de tijd die door haar heen is gegaan, op de wereld die ze gewoon door te leven in zich heeft opgenomen. En de intuïtie van wat de vorm van haar boek moet zijn, heeft ze geput uit een ander gevoel, het gevoel dat haar overweldigt wanneer ze vanuit een onbeweeglijk herinneringsbeeld – na de oorlog in een ziekenhuisbed met andere aan hun amandelen geopereerde kindjes, of in juli '68 rijdend in een bus door Parijs – de indruk krijgt dat ze oplost in iets groters, een onscherpe totaliteit, waarvan ze door een inspanning van haar kritische bewustzijn een voor een de afzonderlijke bestanddelen boven kan halen – gewoonten, gebaren, uitspraken enzovoorts. Het minuscule moment in het verleden groeit, mondt uit in een verschiet dat beweeglijk is en tegelijk eenvormig van toon, het verschiet van één of enkele jaren. Met een diepe, haast verblindende tevredenheid – die het enkele persoonlijke herinneringsbeeld haar niet kan geven – vindt ze dan een soort veelomvattend collectief gevoel terug, waar haar bewustzijn, haar hele wezen in is *opgenomen*. Precies zoals ze zich, als ze alleen in haar auto op de snelweg rijdt, opgenomen voelt in de onbestemde totaliteit van de wereld van nu, van het dichtstbije tot het verste.

De vorm van haar boek kan dus alleen voortkomen uit een onderdompeling in herinneringsbeelden, om te boekstaven wat de specifieke tekenen des tijds zijn en in welk jaar ze bij benadering kunnen worden gesitueerd – en om ze dan geleidelijk aan in verband te brengen met andere, proberen opnieuw op te vangen welke woorden mensen gebruikten, welk commentaar ze op gebeurtenissen en voorwerpen gaven, en dat alles te onttrekken aan de massa van omringend taalgebruik, aan het *geroezemoes* dat non-stop de constante formuleringen aandraagt van wat we zijn en moeten zijn, denken, geloven, vrezen en hopen. Het stempel dat deze wereld op haar en haar tijdgenoten heeft gedrukt, wil ze gebruiken om een gemeenschappelijke tijd te reconstrueren, de tijd die van zo vele jaren her tot aan vandaag is voorbijgegaan. Ze wil het geheugen van het collectieve geheugen terugvinden in een individueel geheugen, en zo de geleefde dimensie van de Geschiedenis uitdrukken.

Het zal geen herinneringsarbeid in de gebruikelijke zin zijn, gericht op het vertellen van een levensverhaal, op het afleggen van een zelfgetuigenis. Ze zal alleen in zichzelf kijken om er de wereld terug te vinden, het geheugen en de verbeelding van de voorbije dagen van de wereld, om te bevatten hoe ideeën, geloofsovertuigingen en gevoeligheden zijn veranderd, hoe personen en het subject zijn getransformeerd, zoals zij dat alles heeft meegemaakt, wat misschien niets is naast datgene wat haar kleindochter en alle mensen die leven in 2070 zullen meemaken. Om op het spoor te komen van gevoelens die al bestaan, maar nog geen naam hebben, zoals wat haar nu doet schrijven.

Het zal een glijdende vertelling zijn, geschreven in een dwingend, doorlopend imperfectum, een onvoltooid verleden tijd die gaandeweg het heden opslokt tot aan het laatste beeld van een leven. Met dien verstande dat die stroom met regelmatige tussenpozen zal worden onderbroken door foto's en filmfragmenten, ter documentatie van de achtereenvolgende lichamelijke vormen en maatschappelijke posities van wie ze was – daarbij gaat het zowel om stilstaande geheugenbeelden als om verslagen van de ontwikkeling van haar bestaan, datgene wat haar bijzonder heeft gemaakt, niet door de aard van de elementen van haar leven, externe (opeenvolgende sociale posities, beroep) of interne (gedachten en ambities, schrijfverlangen), maar door de combinatie daarvan, die bij elke

persoon uniek is. Aan dat 'steeds weer anders' van de foto's
zal, in spiegelbeeld, het 'zij' van het schrijven beantwoorden.

Geen enkel 'ik' in wat ze beschouwt als een soort onper-
soonlijke autobiografie – maar 'je', 'wij', 'zij' en 'men' –, alsof
het nu haar beurt is om te vertellen over de dagen van weleer.

Toen ze vroeger in haar studentenkamer verlangde naar het
schrijven, hoopte ze een onbekende taal te vinden waarmee
ze mysterieuze dingen kon onthullen, als een waarzegster.
Ook stelde ze zich het eenmaal voltooide boek voor als een
openbaring van haar diepste wezen aan de anderen, een su-
perieure prestatie, iets glorierijks – wat zou ze er niet voor
hebben overgehad om 'schrijver' te worden, precies zoals ze
als kind hoopte op een ochtend wakker te worden als Scarlett
O'Hara. Later in haar leven, in rumoerige klassen met veertig leerlingen, achter een winkelkarretje in een supermarkt,
op het bankje van een plantsoen naast een kinderwagen, had
ze die dromen niet meer. Er was geen onzegbare wereld die
als bij toverslag uit bezielde woorden tevoorschijn zou komen
en ze zou nooit ergens anders schrijven dan binnen in haar
eigen taal, de taal van iedereen, het enige werktuig waarmee
ze dacht invloed te kunnen uitoefenen op wat haar verontwaardiging wekte. Het boek dat ze wilde schrijven behelsde,
kortom, een strijdmiddel. Die ambitie heeft ze niet opgege-
ven, maar meer dan wat ook zou ze nu vat willen krijgen op
het licht dat spoelt om inmiddels vergane gezichten en ta-
fellakens overladen met verdwenen voedsel, het licht dat al
aanwezig was in de verhalen tijdens zondagse familie-etentjes
uit de kindertijd en dat onverpoosd op de dingen is blijven
neerdalen zodra ze tot het verleden gingen behoren, een licht
van vroeger. Redden wil ze

het kleine dorpsfeest van Bazoches-sur-Hoëne met de botsautootjes

de hotelkamer in de Rue Beauvoisine, in Rouen, niet ver van boekhandel Lepouzé, waar Cayatte een scène uit *Mourir d'aimer* had gedraaid

de wijnbottelaarster in de Carrefour van de Rue du Parmelan, Annecy

*Ik zocht stutsels in de schoonheid van de wereld / En de geur van de seizoenen hield ik vast*

de draaimolen van het kuuroord in Saint-Honoré-les-Bains

de piepjonge vrouw met rode jas op het trottoir naast de wankelende man die ze was gaan ophalen uit café Le Duguesclin, in de winter in La Roche-Posay

de film *Des gens sans importance*

de half verscheurde poster 3615 Ulla voor een sekslijn op Minitel onder aan de helling van de weg naar Fleury-sur-Andelle

een bar en een jukebox die *Apache* speelde, in Tally Ho Corner, Finchley

een huis achter in een tuin, Avenue Edmond Rostand 35 in Villiers-le-Bel

de blik van de zwart-witte kat bij het inslapen na de prik

de man in pyjama en op sloffen die elke middag in de hal van het bejaardenhuis in Pontoise huilend aan de bezoekers vroeg of ze zijn zoon wilden bellen, hij reikte ze een smoezelig papiertje met een telefoonnummer aan de vrouw op Hocines foto van het bloedbad in Bentalha, Algerije, die op een piëta leek

de verblindende zon op de muren van de San Michele-begraafplaats, gezien vanuit de schaduw van de Fondamenta Nuove

Iets redden van de tijd waar we nooit meer zullen zijn.